Heike Burkhard

Glücksorte in Unterfranken

Fahr hin & werd glücklich

Dieses

Glücksbuch

ist für

Liebe Glücksuchende,

in Unterfranken stolpert man geradezu von einem Glücksort zum nächsten. Da ist einmal das Gebiet um den Main, der sich, ein Dreieck und ein Viereck bildend, an den Weinbergen entlangschlängelt, als wolle er den Reifegrad der Trauben prüfen. Weingüter und Heckenwirtschaften laden zu einem gemütlichen Schoppen ein, zum „Schöbbln" wie es hier heißt. Bezaubernde alte Städtchen überraschen innerhalb ihrer Stadtmauern mit herausragender Architektur vom Mittelalter bis zur Neuzeit, außergewöhnlichen Theatern oder kulinarischen Spezialitäten. Aber auch abseits vom Main warten Glücksorte auf den Besucher. So lockt der Spessart mit seinem Märchenschloss Mespelbrunn, die Badeorte Bad Kissingen und Bad Brückenau schwelgen noch im Flair vergangener Zeiten und die Rhön bietet mit ihren Mooren und der weiten kargen Landschaft unvergessliche Naturerlebnisse. Unterfranken bedeutet Urlaub für alle Sinne und Interessen und jeder kann seine persönlichen Wohlfühloasen entdecken. Viel Glück beim Finden!

Ihre Heike Burkhard

Deine Glücksorte …

... noch mehr Glück für dich

Amors Wunderwasser

1 Kapelle Amorsbrunn in Amorbach

Die alten Mauern der romanischen Kapelle in Amorsbrunn bei Amorbach haben unendlich viel gehört und gesehen. Bereits in vorchristlicher Zeit auf einer heiligen Quelle im Otterbachtal errichtet, künden sie heute noch von der Suche nach Glück und Heilung. Damals versprach das Heilwasser vor allem bei Augenleiden und Kinderlosigkeit Hilfe. Frauen tranken es aus der Quelle, die unter dem Kapellenboden entspringt. Damit das Quellwasser auch zum Baden des Unterleibs genutzt werden konnte, wurde es in ein überdachtes „Heilbad" außerhalb der Kapelle geleitet. Hier wurden die Kinder gebadet, die mithilfe des Wassers und der Unterstützung durch den Heiligen Amor, von dem angeblich der Name des Kirchleins stammt, zur Welt gekommen waren. So war dann auch im 17. und 18. Jahrhundert der Name Amor in der Gegend sehr beliebt.

TIPP

Besonders sehenswert ist die Amorbacher Abteikirche.

Aber nicht nur die Frauen aus dem Volk baten den Heiligen um Hilfe. „Zum Dank für glücklich erhaltene Leibesfrucht" stiftete 1735 ein Würzburger Stadtratspaar eine vergoldete Amor-Statue. Als sich herausstellte, dass die österreichische Kaiserin Elisabeth-Christine keine männlichen Nachkommen gebären würde, sollte das Amorsbrunner Wasser, zusammen mit einer großzügigen Spende für Bittgottesdienste, nachhelfen. Dass die Heilwirkung des Wassers ausblieb, führten die Zeitgenossen darauf zurück, dass auch das Geld ausblieb. Entschieden erfolgreicher war ihre Tochter Maria Theresia, denn nachdem sie die Spende aufgestockt und auch für den Geldfluss gesorgt hatte, gebar sie immerhin 16 Kinder.

Heute kommt wohl niemand mehr wegen eines unerfüllten Kinderwunsches hierher, sondern besucht die Kapelle Amorsbrunn wegen ihrer bewegten Geschichte und dem frühgotischen Flügelaltar, der den Stammbaum Jesu darstellt. Womit wir immer noch beim Thema wären. Da ist es auch nicht verwunderlich, dass das Kirchlein heute gern für Hochzeiten genutzt wird.

Übrigens: In dem Heilbad schwimmen inzwischen Fische, die einen glücklichen und lebhaften Eindruck machen. Ist das ein Wunder?

- Kapelle Amorsbrunn, Amorsbrunn 2, 63916 Amorbach
  www.amorbach.de
- ÖPNV: Buslinie 92, Haltestelle Amorsbrunner Straße, Amorbach

Gartenglück

2 Schneiders Garten in Knetzgau

Auf dieser Bank möchte man ewig sitzen bleiben, an dem kleinen Teich, der so herrlich eingewachsen ist und leise plätschernd mit Wasser versorgt wird. Ab und an streicht eine leichte Brise durch das Geäst eines Baumes und lässt das Windspiel zart erklingen. Dieser Platz zum Träumen und Genießen bildet den lauschigen Abschluss des Gartens von Sabine Pecoraro-Schneider und Reinhard Schneider. Die beiden konnten sich im klimatisch begünstigten Unterfranken ihren Traum vom eigenen Haus und vor allem vom eigenen Garten erfüllen. „Unser Garten soll ein Garten der Sinne sein – ein ästhetisches Erlebnis – allen Sinnen ein Fest". Der lang geplante und gut durchdachte Garten ist in drei Bereiche aufgeteilt. Wie in alten Bauerngärten üblich, wurde der Staudengarten, eine lebhafte Mischung aus heimischen Pflanzen und Rosenbüschen, und der Küchengarten symmetrisch angelegt, mit einem Wegkreuz und einem mittigen Rondell. Die Geometrie der Anlage kommt im Küchengarten besonders zur Geltung, sie wird betont durch die Anordnung der Hochbeete und der Gewürzschnecke im Zentrum. Den dritten und privaten Bereich bildet der „giardino segreto", der die strenge Form der beiden anderen Teile verlässt. Hier haben Sabine und Reinhard eine gemütliche, weinumrankte Laube geschaffen, mit ausreichend Platz für Freunde. Von hier aus lässt sich über eine Sichtachse der gesamte Garten bewundern. Jeder Gartenteil ist durch einen Rosenbogen mit herrlichen Ramblerrosen mit dem nächsten verbunden. Zwischen den Pflanzen arbeiten die „Gartenhelfer". Das sind Reinhard Schneiders Betonfiguren in Posen typischer Gartentätigkeiten, die an die Skulpturen von Giacometti erinnern. Andere Plastiken Schneiders frieren die Veränderungen von Pflanzen im Jahreslauf ein oder sind Samenkapseln nachempfunden. Kunst, die keinen passenderen Ausstellungsraum als einen Garten finden konnte. Einen echten Glücksort haben sich die Schneiders geschaffen, wie sie immer wieder betonen. Gern teilen sie dieses Glück mit ihren Besuchern.

TIPP

Unweit liegt Schloss Oberschwappach inmitten eines schönen Gartens.

● Garten von Sabine Pecoraro-Schneider und Reinhard Schneider, J.-v.-Wolnberg-Straße 54, 97478 Knetzgau, Tel. (0 95 27) 9 52 07 55
www.pecoraroschneider.com
● ÖPNV: Buslinie 1161, Haltestelle Hainert

Ungelöste Geheimnisse

3 Die Figuren am Hammelberg

Kurz nach der Jahrtausendwende begann es. An Ostern entdeckten Spaziergänger eine lebensgroße Figur aus Beton an der Bergkante des Hammelbergs. Über Nacht war sie dort oben erschienen und mit ihr viele Fragen, die niemand beantworten konnte. Man gewöhnte sich an die Dame auf dem Berg und gab ihr den Namen Amalberga. Es sollte wohl die thüringische Königin sein, deren Schloss einst hier stand. Ihr Standort markiert den Platz, an dem die hohe Dame ihre Liebhaber in den Tod gestürzt haben soll. Nun waren die Hammelburger zwar nicht schlauer, hatten aber eine spannende Geschichte.

Ein Jahr später saß plötzlich ein Mann auf einen thronartigen Sessel in der Nähe der Königin und sah entspannt hinab auf die Saale. Auch dieses Mal blieben alle Fragen offen. Wie kam diese schwere Figur unbemerkt an ihren Platz? Wer war der Schöpfer dieser Figuren? Wen stellte sie dar? Man dachte zunächst, es wäre Goethe, einigte sich aber darauf, dass es wohl ein Philosoph sei, der seinen Gedanken nachhängt. Im Jahr darauf entdeckten Wanderer eine neue Figur in leicht verdrehter Haltung zwischen Amalberga und dem Philosophen. Aufgrund der Körperhaltung nannte man sie die Tänzerin. Nach einigen Monaten wurde ihre Haltung verständlich, denn nun hielt die Frau einen Knaben an der Hand. Vier mysteriöse Figuren standen jetzt an der Bergkante und noch immer wusste niemand irgendetwas über sie.

TIPP

Freitags gibt's im Kellereischloss Hammelburg Wein im Gewölbekeller.

Im September 2013 wurde ganz Hammelburg in Aufregung versetzt: Amalberga war weg. Zuerst dachte man, sie würde restauriert, aber sie blieb verschwunden. Irgendwann, als man sich schon daran gewöhnt hatte, schlug die Nachricht wie eine Rakete ein: Amalberga ist wieder da! Sie stand am alten Platz, allerdings mit neuen Kleidern und einer anderen Frisur. Alle waren glücklich und strömten auf den Berg, um sich die Figuren anzusehen, deren Geheimnis bis heute ungelöst ist. Angeblich wusste der ehemalige Bürgermeister Arnold Zeller wer der Künstler war, der die Figuren schuf, doch er nahm sein Geheimnis mit ins Grab.

- Wegbeschreibung unter www.hammelberg.de oder bei Tourist-Information, Kirchgasse 4, 97762 Hammelburg, Tel. (0 97 32) 9 02-4 30
- ÖPNV: Erfurter Bahn, Buslinie 8167, Haltestelle Berliner Straße

Zur Gesundung wandeln

4 Die Wandelhalle in Bad Kissingen

Die Brunnenfrau hat das Glas mit Heilwasser gefüllt. Es wurde aus dem Becken mit den beiden Quellen „Pandur“ und „Rakoczy“ in der Mitte der Brunnenhalle durch ein bronzenes Röhrensystem nach oben geleitet. Schluckweise soll das wertvolle Mineralwasser getrunken werden. Das geht ganz wunderbar beim Flanieren durch die stilvolle Wandelhalle, während man den Klängen der Kurkapelle lauscht.

Das beeindruckende Gebäude wurde 1910/11 nach Plänen des Architekten Max Littmann errichtet. Seine Kreuzform erinnert an eine Basilika. In einem Querarm befindet sich das Brunnenhaus mit den beiden Heilquellen. Mit seinen 90 Metern ist das Längshaus die längste Wandelhalle Europas. Säulenreihen unterteilen den riesigen Raum in drei Längsschiffe, was die Ähnlichkeit mit einer Kirche noch verstärkt. Der Chorraum, in dem hier allerdings kein Altar steht, beherbergt eine Orchestermuschel, die sich zum Kurgarten hinausdrehen lässt.

TIPP

Wunderbar entspannend ist der Kurgarten gleich nebenan.

Unwillkürlich bewegt man sich in dieser großartigen Architektur andächtig wie in einem Kirchenraum oder ehrfurchtsvoll wie in einem Schloss. Bodentiefe Fenster, Oberlichter und Glasdächer durchfluten den Raum mit Tageslicht. Strahlend weiße Wände, weiße Bänke und viele Pflanzen, dazu plastische Details wie Wandfliesen und dezente Farbakzente kreieren einen beschwingten mediterranen Charme. Markante Blickpunkte bilden zwei hohe Brunnen der Firma Villeroy und Boch, die wie von Blumenkörben gekrönte Kachelöfen wirken. Aus kleinen Tierköpfen strömt Wasser an der aufwendig gefliesten Brunnenwand herunter und erfüllt den Raum mit einem zarten Plätschern. Man fühlt sich um hundert Jahre in die Zeit zurückversetzt, als Littmann dieses Bauwerk als ein Gesamtkunstwerk schuf, dessen Wirkung man sich bis heute nicht entziehen kann.

Ob als Kurgast oder Tourist, allein das Flanieren durch die elegante Wandelhalle dieser großzügigen Jugendstilarchitektur ist ein besonderes Erlebnis. Übrigens auch, wenn die Kurkapelle nicht spielt.

- Wandelhalle und Brunnenhaus, Am Kurgarten 1, 97688 Bad Kissingen, Tel. (09 71) 8 04 84 44, www.bad-kissingen.de
- ÖPNV: Buslinie 4, 8, 8190, Haltestelle Theresienstraße

„In vino fantasia“

5 Galerie Schmaußer in Sulzfeld

„Es war einmal, vor vielen, vielen Jahren, da begegnete ich am Fuße eines Weinbergs … einem gar seltsamen Urtier. Das flußpferd-drachenähnliche Tier verschwand mit grunzenden Schmatzlauten wieder. … Es war das urzeitliche Weintier, genannt ‚das Oechsletier', lat. Bos Primigenius Vini!“ Dieses skurrile Wesen erfand Harald Schmaußer und beschreibt es reich bebildert im gleichnamigen Buch. Er ist studierter Grafikdesigner mit einer gehörigen Portion Humor und einer offenbar unerschöpflichen Fantasie. Unter seiner Radiernadel entstanden Tiere wie das Schlitzöhrige Schlawinerle, das Übermüpfige Zauberhörnle, der Rotzpausige Kirchenschreck oder die Schwadwutzige Pulversau. Aber nicht nur kuriose Tiere hat der Karikaturist Schmaußer erfunden und zu Papier gebracht. Reizvoll sind auch die Stadtansichten, die sehr detailgenau bis ins kleinste Format wiedergegeben sind. Dabei beschränkt sich der Künstler keineswegs auf die Radierung. Er arbeite mit allen Techniken und in den unterschiedlichsten Kunststilen, je nach Vorgaben des Auftraggebers, erklärt Schmaußer.

TIPP
Unbedingt mit einem „Sulzfelder Maustal“ auf das Oechsletier anstoßen.

Wie vielseitig der Künstler arbeitet, kann man bei einem Besuch in seinem Wohnhaus in Sulzfeld entdecken. Der Weinkeller des 400 Jahre alten Gebäudes wurde zu einer außergewöhnlichen Galerie umfunktioniert. Die dunklen Steine des alten Gewölbes bringen die farbigen Bilder besonders gut zur Geltung. Ausgestellt ist eine Serie von „Automobilen“, in der wörtlichen Bedeutung. Vom Steinzeitauto über das Fahrzeug mit einem Motor Leonardo da Vincis bis zur blitzschleudernden Ente und zum sich in farbigen Kaskaden auflösenden, abstrakten Gefährt reicht die Palette. Hier wird deutlich, wie abwechslungsreich Schmaußer arbeitet, was Fantasie und Technik anbelangt. Besonders spannend ist auch sein Gästebuch, das er passend zu den Einträgen der Besucher gestaltet. Ein „Bilderbuch“, bei dem jede Seite ein Kunstwerk ist. Ein Besuch der Galerie und ein Gespräch mit dem Künstler setzen auf alle Fälle einige Glückshormone frei.

- Galerie Harald Schmaußer, Kettengasse 24, 97320 Sulzfeld am Main, Tel. (0 93 21) 2 49 32
- ÖPNV: Buslinie 8112, Haltestelle Kitzinger Straße

Zu Gast beim Geisterwirt

6 Der Brauereigasthof Bayer in Theinheim

Wer dem Walderemiten, einer Schlange mit Krone, König Karl, Lilith, Till Eulenspiegel, einem kopflosen Reiter und vielen anderen Sagengestalten, Pilzen und Waldtieren begegnen möchte, spaziere den „Waldgeister-Skulpturenweg“ bei Theinheim entlang.
Erfinder dieses originellen Wanderwegs ist Michael Bayer, der Gastwirt vom „Grünen Baum“. Um sich von seiner Arbeit zu erholen, wandert er gern durch den Wald, um neue Kraft zu sammeln und sich an der herrlichen Natur des Steigerwalds zu erfreuen. Dabei kam ihm der Einfall, die Waldgeister aus den vielen Sagen und Legenden wieder zu beleben. Man könnte doch Bäume, die gefällt werden müssen, so kappen, dass sich aus dem Reststamm eine Skulptur fertigen lässt, so Bayers Überlegung. Die Idee wurde in die Tat umgesetzt. Bisher schufen sechs Holzschnitzer und Kettensäger Figuren, die besonders bei Kindern gut ankommen. Bei dem Männlein, das im Walde steht, beginnt der ungefähr sechs Kilometer lange „Geisterweg“ mit der Bezeichnung „R3“. Man sollte ihn achtsam gehen und gut nach rechts und links schauen, damit man keinen der Geister übersieht.
Nach dem Ausflug ins Geisterreich empfiehlt es sich, bei Michael Bayer einzukehren, um festzustellen, dass er auch in der wirklichen Welt vor Ideen sprüht. Seine Brauereiprodukte sind besonders erfinderisch. Neben den bekannten Biersorten stellt er zum Beispiel ein Biermischgetränk mit dem Namen „Blütengeheimnis“ her. Wie? Das ist selbstverständlich geheim! Er mischt auch Bierzutaten mit Weintrauben zu einem alkoholhaltigen „Vinator“, der „Nichts für eingefahrene Gaumen“ ist. Weniger abgefahren dürfte der Dreifachbock aus dem Cognacfass sein. Zu so viel Alkohol gehört natürlich eine kräftige Mahlzeit. Die Küche bietet Saisonales aus der Region, gesund und vieles selbst gemacht, wie Nudeln, Brot und Wurst. Aber auch hier ist Bier im Spiel, was Dessertkreationen wie „Frischer Bier-Pfirsich“ oder „Bieracotta“ beweisen. Ob die Waldgeister bei all den feinen Sachen wohl die Hand im Spiel haben?

- Brauerei Gasthof Bayer, Schulterbachstraße 15, 96181 Rauhenebrach-Theinheim, Tel. (0 95 54) 2 93, www.bayer-theinheim.de
- ÖPNV: Buslinie 989, 1153, 1154, 1193, Haltestelle Theinheim, Rauhenebrach

R3
Weg
Ein Männlein
Steht Im Walde

Ein Kuschelort par excellence

7

Jakobsturm in Röttingen

Die kleine Stadt Röttingen begeistert schon beim Vorbeifahren. Die geschlossene Stadtmauer mit den verschiedenen Türmen und Türmchen, davor grüne Wiese mit Bäumen und Sträuchern, hat schon von Weitem etwas Märchenhaftes und weckt den Wunsch, diesen Ort näher kennenzulernen. Der Besuch lohnt sich allemal, denn das Städtchen hat einiges zu bieten. Neben all den Sehenswürdigkeiten und Festen, die hier gefeiert werden, gibt es sogar einen Traumort für Verliebte: den Ja-kobsturm. Er stammt aus dem 13. Jahrhundert und ist einer der sieben Stadttürme und das Wahrzeichen der Stadt. Da der Turm schon recht verfallen war, eine Wand fehlte komplett, waren Ideen gefragt, was aus dem Turm samt dem kleinen Nebengebäude werden sollte. Eine umfangreiche Restaurierung, wie sie hier anstand, verlangte nach einer konkreten Nutzung des Gebäudes. Und so beschloss man, den Turm, der eigentlich nicht zum Wohnen geeignet war, in eine Ferienwohnung umzuwandeln. Erhalten wurden die ursprünglichen Steinwände mit den Fensternischen und Sitzerkern, das Fachwerk wurde sichtbar gemacht. Entstanden ist dabei ein Glücksort für zwei, die Nähe suchen. Neben der Treppe, die die vier Etagen der Wohnung miteinander verbindet, sind jeweils sehr kleine Räume angeordnet. Diese sind allerdings ideenreich und außerordentlich liebevoll ausgestattet. Wenn man sich nah sein möchte, kann es ja gar nicht eng genug sein. Im ersten Stock, hier wird das kleine Wohnhaus nebenan mit einbezogen, befinden sich Küche, Bad und ein Esszimmer. Von hier steigt man hinauf in das Wohnzimmer, dessen Couch auch als Schlafplatz dienen kann. Im dritten Stockwerk gibt es einen gemütlichen Leseplatz und ganz oben als Krönung des Ganzen befindet sich das Schlafzimmer. Direkt am Fenster steht das kuschelige Himmelbett. Von ihm aus hat man den schönsten Blick über den reizenden Ort und die wunderbare Landschaft rundherum. Mehr Glück geht wohl nicht, wenn man in diesem Nest hoch über den Dächern die Zweisamkeit genießen kann.

TIPP

Das Weinfest vor dem barocken Rathaus oder die Frankenfestspiele in der Burg Brattenstein sind Highlights in Röttingen.

● Jakobsturm, Erbsengasse 3, 97285 Röttingen,
Buchung: Tourist-Information Röttingen, Erbsengasse 3, 97285 Röttingen,
Tel. (0 93 38) 97 28 57, www.roettingen.de
● ÖPNV: Buslinie 980, Haltestelle Röttingen Marktplatz

Wenn die Stunde schlägt

8

Die Hauptstraße in Ochsenfurt

Ob Ochsenfurt tatsächlich nach einer Furt für Ochsen durch den Main benannt wurde, ist umstritten. Nichtsdestotrotz stellt der Brunnen in der Hauptstraße, der den Namen Ochsen-Furt trägt, eine solche dar: Auf dunklen Schieferplatten rinnt Wasser über flache Stufen in ein längliches Brunnenbecken, aus dem auf der anderen Seite ebenso viele Stufen wieder herausführen. Dort symbolisiert ein gewaltiger Felsblock einen aus einer Furt steigenden Ochsen. Die moderne Gestaltung bildet einen reizvollen Kontrast zu den wunderschönen historischen Fachwerkhäusern, die eng aneinandergereiht das Straßenbild gegenüber prägen. Am Brunnen auf einer Bank sitzend, lässt sich das geschlossene Ensemble besonders gut bewundern. Obwohl einzelne Elemente sich wiederholen, hat doch jedes Haus sein eigenes Muster und seinen ganz speziellen Charme. Oft zieren Heiligenfiguren oder kunstvoll geschmiedete Wirtshausschilder die Fassaden.

Ein Stückchen weiter hinauf, schiebt sich das Neue Rathaus wie ein Riegel in die Straße. Den Vorplatz des ochsenblutrot gestrichenen Bauwerks ziert eine hochstehende und von Bäumen umrahmte Kreuzigungsgruppe. Darüber fällt sogleich das Wahrzeichen der Stadt ins Auge, das noch über das Rathausdach hinausragende Lanzentürmchen mit seiner berühmten Figurenuhr. Zu jeder vollen Stunde wird es dort lebendig. Dann stoßen beim Glockenschlag zwei Ochsen mit ihren Hörnern aneinander. Darunter zeigen eine Mond- und eine weitere Uhr die Mondphase und Stunde an. Ein Gerippe wendet eine Sanduhr, und daneben erscheinen zwei Ratsherren am Fenster. Der Bürgermeisterkopf, der aus der Werkstatt Tilmann Riemenschneiders stammt, öffnet den Mund, als wolle er eine Rede halten. Und fast schon am untersten Ende des Türmchens taucht eine Jungfrau mit dem Fränkischen Wappen auf. Wer das außergewöhnliche Schauspiel ganz genau sehen will, sollte zur Mittagszeit kommen, wenn sich die Figuren zwölf Mal bewegen. Aber auch zu den anderen Zeiten ist diese besondere Vorstellung unbedingt sehenswert.

TIPP

Das Palatium mit Nikolausturm und die alte Stadtmauer versetzen ins Mittelalter.

● Hauptstraße, 97199 Ochsenfurt
● ÖPNV: Buslinie 423, 427, 555, Haltestelle Ochsenfurt Post

PURSL
ZIMMER

Die gestohlene Madonna

9 Maria im Weingarten bei Volkach

Am 7. August 1962 stand Volkach kopf. In der Nacht hatten Diebe Riemenschneiders Rosenkranzmadonna aus der Wallfahrtskirche „Maria im Weingarten“ entwendet. Weder polizeiliche Ermittlungen noch Andachten in der Marienkirche hatten Erfolg. Das Kunstwerk blieb verschollen. Da mischte sich der Verleger Henry Nannen ein. In einem Aufruf im Stern, der auch in vielen fränkischen Zeitungen abgedruckt wurde, bot er dem Dieb Verschwiegenheit und 100.000 DM für die Rückgabe der Madonna. Doch erst als er damit drohte, das Geld für die Jagd auf die Täter zu verwenden, meldeten sich die Diebe und der Deal kam zustande. Im November konnte Nannen die Madonna in Empfang nehmen. Leider war sie beim Abnehmen heruntergefallen und zerbrochen, sodass sie aufwendig restauriert werden musste. Dennoch hing die Madonna nur knapp ein Jahr nach dem Diebstahl wieder an ihrem Platz. Die Volkacher waren glücklich und mit ihnen die vielen Menschen, die jahraus, jahrein das Kirchlein auf dem Kirchberg besuchen.

TIPP

Wander- und Radwege mit Aussicht führen an der Kirche vorbei.

Von Volkach aus führt ein Kreuzweg den Hang hinauf zur Kirche. Der gesamte Berg ist von Rebflächen bedeckt. Immer wieder wandert der Blick hinauf zur Kirchenanlage oder hinunter ins Tal, wo der Main gemächlich dahinfließt. Je mehr man sich der Kirche nähert, umso besser ist zu erkennen, dass die Anlage von einer Mauer geschützt ist, die auch den ehemaligen Friedhof umschließt. Ein Rundbogenportal ermöglicht den Zutritt in die Anlage und den Besuch der spätgotischen Wallfahrtskirche, die in ihrer heutigen Gestalt aus dem 15. Jahrhundert stammt. Im Innern ist die Riemenschneidermadonna in ihrer filigranen Pracht zu bewundern, inzwischen allerdings mit einer hoch sensiblen Alarmanlage gesichert. Neben ihr befinden sich noch weitere wertvolle Skulpturen, zum Beispiel eine Pieta aus dem 14. Jahrhundert, in der Kirche.
Zurück in Volkach sollte man auf die glückliche Wiederbeschaffung der Madonna einen „Volkacher Ratsherrn“ trinken, den Wein, an dessen Reben man eben noch vorbeigewandert ist.

- Maria im Weingarten, Kirchbergweg 20, 97332 Volkach
www.volkach.de
- ÖPNV: Buslinie 8105, 8137, Haltestelle Gaibacher Straße

Römisch schwitzen

10 Römersauna in Elsenfeld

Über den Main sind sie nicht gekommen, die Römer. Sehr zum Leidwesen der Elsenfelder, denn römisch zieht immer Menschen an. Also ernannte man die Sauna im Freizeitbad Elsavamar zur Römersauna. Und schon hatten die Römer den „Nassen Limes" übersprungen und waren ans andere Mainufer gelangt. Schön ist sie geworden, die neu gestaltete Römersauna. Auch wenn hier nie ein Römer sauniert hat, hat man es verstanden, durch entsprechende Dekorationen das „römische" Lebensgefühl zu wecken. Dies besonders in der nagelneuen Babbelsauna, in der Reden, also Babbeln, sogar erwünscht ist. Wie zu Römerzeiten, als in den Thermen die neuesten Nachrichten ausgetauscht wurden, kann auch hier der Saunabesuch zum Informationsgewinn genutzt werden. Die verstellbaren Saunabänke können so platziert werden, dass auch heftige Debatten face to face geführt werden können. Und das unter dem strengen Blick eines römischen Kaisers, dessen Profilrelief die Rückwand der Sauna schmückt.

Aber natürlich hat in der Römersauna auch die moderne Zeit Einzug gehalten. In der Eventsauna gibt es die unterschiedlichsten Aufgüsse, oft auch mit einem Showprogramm aufgepeppt. Herrlich, sich im Winter in der Kaminlounge zwischen den Saunagängen zu entspannen, im Sommer ist vielleicht der Saunagarten reizvoller. Im Außenbereich sind die Trittsteine beheizt, damit man auf dem Weg zur Eventsauna und dem Kaltwasserbereich keine kalten Füße kriegt. Innen verhindert eine Fußbodenkühlung eine Überhitzung des Körpers. Rundum ist also für Wohlbefinden und Glücksmomente gesorgt. Dazu trägt auch das Bistro bei, denn Saunieren macht bekanntlich hungrig und vor allem durstig. Anschließend lädt noch die Badelandschaft nebenan dazu ein, sich weiter zu vergnügen. Schwimmbecken, Ruhezonen innen und außen, Solarien im Untergeschoss und ein Wasserspielplatz mit Rutsche und Planschbecken bieten Groß und Klein jede Menge Spaß.

Sicher hätten sich auch die Römer im Elsavamar wohlgefühlt, wenn sie denn über den Main gekommen wären.

TIPP

Wandern Sie von Elsenfeld ein Stück auf dem Fränkischen Rotwein Wanderweg.

- Freizeitbad Elsavamar, Dammsfeldstraße 13, 63820 Elsenfeld, Tel. (0 60 22) 64 97 12, www.elsavamar.de
- ÖPNV: Buslinie 60, 61, 62, 64, 65, 67, 68, Haltestelle Elsenfeld Schulzentrum

Wild, Wein, wandern

11 Stollburg in Handthal

Eigentlich ist hier die Welt zu Ende, denn Handthal ist an drei Seiten von dichtem Wald umgeben und nur von Westen ist das Dörfchen mit seinen gut 100 Einwohnern zu erreichen. Doch obwohl es so entlegen ist, kommen die Menschen hierher. Handthal ist schließlich einer der 100 bayerischen Genussorte. Fünf Gastronomiebetriebe sind in dem Dörfchen beheimatet, also für ca. 24 Einwohner ein Gasthaus. Wo gibt es das sonst? Besonders gut isst man hier heimische Forellen und Wildgerichte. Dazu schmeckt der Wein vom Berg nebenan. Der Stollberg erhebt sich kegelförmig auf eine Höhe von knapp 400 Metern, damit gehört die Weinlage Handthaler Stollburg zu den höchstgelegenen Rebflächen Unterfrankens. An der steilen Südseite, wo der Keuperboden von der Sonne besonders erwärmt wird, gedeihen die Trauben von Silvaner, Müller-Thurgau, Burgunder, Bacchus und Riesling besonders gut. Außerdem wird der Berg von Norden und Osten von Wald geschützt, sodass der raue Wind dem Wein nicht schaden kann. Ein reizvoller Weg führt durch die Weingärten hinauf zur Stollburg. Relativ gemütlich gelangt man zum Gasthaus Stollburg, wo man sich noch einmal stärken und auf der Sonnenterrasse den Ausblick genießen kann, bevor es etwas anstrengender wird. Über viele Stufen geht es hinauf zur Ruine der Stollburg. Ein terroir f erleichtert den Aufstieg, denn Texte auf den Handläufen der Treppe informieren über die Geschichte des Weins und bieten Gelegenheit für unauffällige Verschnaufpausen. Hat man den Gipfel erklommen, erstaunt einen der Anblick des mächtigen Turms, der von der einstigen Burg erhalten geblieben ist, vor allem dann, wen man an der Infosäule davor erfahren hat, dass der Minnesänger Walther von der Vogelweide hier geboren sein soll. Ein paar Schritte weiter gelangt der ermattete Wanderer auf eine Aussichtsterrasse, die eine grandiose Sicht über die Weinreben und die Ausläufer des Steigerwalds bietet. Wenn dann noch eine der beiden Holzliegen frei ist, ist das Glück am Rande der Welt grenzenlos.

- terroir f Oberschwarzach, OT Handthal, 97516 Oberschwarzach, Tel. (0 93 82) 90 35 12
- ÖPNV: Buslinie 999, Haltestelle Handthal

Schwalbenlädle

12 Marienkapelle in Würzburg

Die imposanteste und auffälligste Kirche der Würzburger Innenstadt darf sich nur Kapelle nennen, weil sie keine pfarrkirchlichen Rechte erhalten hat. Das macht aber nichts, denn die Marienkapelle ist trotzdem der magnetische Anziehungspunkt des Unteren Marktes. Das gotische Gebäude ragt hoch auf, und sein schlanker Turm scheint bis in den Himmel zu reichen. Er ist von überall gut zu sehen. Die Kapelle ist ganz in den fränkischen Farben rot und weiß gehalten, nur die Portale sind sandsteinfarben abgesetzt. Aber eine wirkliche Seltenheit für einen Sakralbau sind die kleinen Lädchen, die an drei Seiten der Kirche wie Schwalbennester zwischen den Strebepfeilern kleben und deshalb auch „Schwalbenlädle" genannt werden. Die eingeschossigen Fachwerkhäuschen mit Pult- oder Walmdach entstanden bereits 1437, als die Kirche die Mieteinnahmen gut gebrauchen konnte. Noch heute vermitteln sie einen Eindruck vom quirligen Geschäftsleben des Mittelalters. Schon seit dem frühen 13. Jahrhundert waren die Kramläden feste Einrichtungen auf den Märkten, denn dort verkaufte der Krämer seinen Kram. Es waren also bereits Gemischtwarenhandlungen, die alles anboten, was zum Leben notwendig war. Hier hat sich inzwischen einiges geändert. Heute bieten die Schwalbenlädchen kein Sammelsurium an Waren mehr an, außer vielleicht in den kleinen Souvenirläden, sondern sind durchaus spezialisierte Geschäfte. Man findet einen Augenoptiker, einen Blumenladen, den Metzger, einen Kerzenladen und das kleinste Café Würzburgs. Viele der Läden erweitern ihren engen Verkaufsraum nach draußen auf den Platz und verbinden sich optisch mit den mobilen Marktständen, die ihre Waren dreimal die Woche anbieten.

Über die hübschen kleinen Lädchen sollte man nicht versäumen, einen Blick auf das Südportal der Kapelle zu werfen. Denn rechts und links des Tores stehen Riemenschneiders Adam und Eva, zwar als Kopien, aber trotzdem sehenswert – genauso übrigens das Innere der Kirche.

TIPP

Gleich hinter der Marienkapelle befindet sich das Falkenhaus, ein Rokokogebäude mit reicher Stuckfassade.

- Marienkapelle, Marktplatz 7, 97070 Würzburg
- ÖPNV: Straßenbahn 3 Haltestelle Dom

Der Kick auf zwei Rädern

13

Downhill und Trial beim MSF-Frammersbach

Für Zweiradfahrer, genauer für Mountainbiker und Trialfahrer, ist Frammersbach ein absoluter Glücksort. Der Sauerberg bietet reichlich Potenzial zum Austoben, denn die Biker können mehrere Strecken mit verschiedenen Schwierigkeitsgraden befahren. Vom Anfänger bis zum Profi findet jeder seinen Trail. Enge Waldstücke, rutschige Sandflächen, Steilkurven und diverse Sprungschanzen verlangen einiges an Kraft und Mut. Wie gut, dass es einen Skilift gibt, der die Downhiller wieder hinaufschleppt. So kommt man einigermaßen erholt oben an und kann sich mit neuer Energie gleich ins nächste Abenteuer stürzen. Endurofahrer müssen sich allerdings strampelnd wieder nach oben bewegen, so will es das Reglement. Die Frammersbacher Strecken sind immerhin so anspruchsvoll, dass die größte Enduro-Rennserie, die Enduro1, hier schon zwei Mal zu Gast war. Damit ist der Sauerberg ein toller Trainingsplatz für diese Disziplin. Wenn die Muskeln langsam sauer werden, kann man sich in der Skihütte dem leiblichen Wohl widmen. Fetzige Musik heizt die Stimmung an. Schließlich gehört Spaß unbedingt dazu!

TIPP

Für Vierradliebhaber organisiert der MSF Oldtimertreffen.

Für Motorradfahrer haben die Motorsportfreunde Frammersbach eine besonders interessante Sportart zu bieten: den Trialsport. Dabei geht es nicht um Schnelligkeit, sondern um die Beherrschung von Körper und Maschine. Verschiedene Sektionen, das sind Geländeabschnitte mit besonderen Schwierigkeiten, wie Felsen, Baumstämme, Gräben und enge Kehren, müssen auf einem schmalen Kurs durchfahren werden. Fehlerpunkte werden notiert, wenn der Fahrer den Boden mit dem Fuß berührt, den Motor abwürgt oder gar stürzt. Eine Sportart, die dem Fahrer alles abverlangt, technisches Verständnis, Körperbeherrschung und Konzentration. Trotzdem dürfen schon Kinder ab sechs Jahren auf kleinen Maschinen diesen, auch für Zuschauer faszinierenden Sport trainieren.

Sowohl im Bikepark als auch auf dem Trialgelände können Sportarten ausgeübt werden, die körperlich und geistig anspruchsvoll sind und ganz bestimmt auch glücklich machen.

- MSF-Frammersbach, Hinterdorf, 97833 Frammersbach, Wegweiser „Sportgebiet Sauerberg“
- ÖPNV: 652 Buslinie, Haltestelle Herbertshain

ADAC Nordbayern

Be happy bei Frau Pudding

14

Second Hand in Schweinfurt

Eine schmale Straße in Schweinfurts Altstadt, vor den Häusern wachsen Rosen, Kopfsteinpflaster massiert die Füße, und auf einmal wird der Blick angezogen von einem Schaufenster. „Frau Pudding" steht da in großen Buchstaben, darunter kindliche Blumenzeichnungen, darüber kleiner „second hand". Unwillkürlich bleibt man stehen. Vor dem Schaufenster laden ein altes Sofa, eine Kleiderstange mit bunten Klamotten und ein rosa Koffer den Vorübergehenden ein, näher zu kommen. Da kann man gar nicht anders, als den kleinen Laden zu betreten. Was für ein herrliches Warensammelsurium! Leise Musik erklingt, die bei genauerem Nachforschen von einem Plattenspieler hinter der Eingangstür kommt. Ein Traum von Nostalgie! Natürlich gibt es hier Kleidung aus zweiter Hand, wie in anderen Secondhandshops auch, aber darüber hinaus noch alle erdenklichen kleinen Haushaltsgeräte und Nippes. Immer wieder entdeckt man etwas Neues in den vier hintereinanderliegenden Räumen. Dabei ist erstaunlich, was hier mit Einfallsreichtum auf wenig Fläche untergebracht wurde. So stecken zum Beispiel Schuhe raumsparend, aber gut sichtbar in hohen Gläsern. Eine überdimensionale Flasche 4711 Echt Kölnisch Wasser steht in einer Holzkiste auf Regalhaken und weckt Erinnerungen an Mütter und Großmütter. Im letzten Raum beleuchtet ein großes Werkstattfenster Kaffeekannen der verschiedensten Stilrichtungen. Im Raum davor stehen in einem kleinen Wandregal Porzellanvasen. Eine kleine türkisfarbene, perlmuttglänzende will unbedingt gekauft werden. Für einen Euro wechselt sie den Besitzer. Stundenlang kann man hier stöbern, sogar antiquarische Schallplatten entdeckt man in einer Kiste am Boden. „Frau Pudding", alias Ladenbetreiberin Karin Wenzel, erzählt, dass ihr Geschäft inzwischen ein richtiger Treffpunkt sei und ihre Kunden gern auch bei einem Kaffee auf dem gemütlichen Sofa das eine oder andere Schwätzchen halten. „Be happy", steht auf der Tafel hinterm Verkaufstresen – dieser Rat lässt sich hier leicht befolgen.

TIPP

Ein paar Schritte weiter kann man Bronzeschweinchen streicheln, was noch mal Glück bringen soll.

- Frau Pudding secondhand, Burggasse 6, 97421 Schweinfurt
- ÖPNV: Buslinie 8130, Haltestelle Am Unteren Marienbach oder Buslinie 52, 61, 71, 82, Haltestelle Museum Georg Schäfer

Burggasse
6
second hand
Frau Pudding

Helau und Alaaf!

15 Das Fastnachtmuseum in Kitzingen

Dass das Deutsche Fastnachtmuseum nicht wie erwartet in Mainz, Köln oder Düsseldorf beheimatet ist, sondern im unterfränkischen Kitzingen, mag vorerst verwundern. Es hat wohl damit zu tun, dass sein Gründer, der Fastnachtsexperte und gebürtige Kölner Hans Joachim Schumacher, vor über fünfzig Jahren nach Franken gezogen ist und seine Karnevalsgene mitgebracht hat. Er brachte seine Sammlung im „schiefen Turm von Kitzingen", dem Falterturm, unter. Als dieser aus Brandschutzgründen geschlossen werden musste, zog die Ausstellung an ihren heutigen Platz. Durch die Verbindung mehrerer Häuser wurde ein großzügiges Museum mit einem völlig neuen Konzept geschaffen, das auch noch das Zentralarchiv der deutschen Fastnacht und die Deutsche FastnachtAkademie aufnehmen konnte.

TIPP
Nicht weit ist es zum Falterturm, um dessen schiefe Spitze sich viele Legenden ranken.

Wer sich auch nur im Entferntesten für Fasching, Fastnacht oder Karneval interessiert, findet in diesem Museum viel Wissenswertes. Dass die Zahl 11 eine Bedeutung hat, ist wohl bekannt. Aber warum? Und auch die Zahl 40 ist für den Karneval von Bedeutung. Wie hat sich das närrische Treiben über die Jahrhunderte hinweg entwickelt? Woher kommen die Faschingsumzüge? Welche Rolle spiel(t)en Frauen in der Fastnacht? Welchen Einfluss hatte die Com-media dell'Arte auf den Karneval? Wie entstand der Karneval in Venedig? Diese Fragen und noch viel mehr werden in der modernen und interaktiven Ausstellung beantwortet. Regionale und internationale Faschingskostüme sind ausgestellt, Hunderte von närrischen Orden kann man bewundern oder auch eine ganze Wand mit Krawattenenden, die am unsinnigen Donnerstag, der auch als Weiberfastnacht bekannt ist, den Herren abgeschnitten wurden. Zu den Höhepunkten gehört zweifellos ein fantastisches Kostüm aus Trinidad und Tobago, das eine ganze Meerlandschaft darstellt. Ein weiteres Highlight ist das „virtuelle Narrentheater", eine Multimediashow, in der Figuren aus verschiedenen Karnevals- und Fastnachtsregionen ihre Geschichten erzählen. Das macht nicht nur überzeugte Narren glücklich.

● Deutsches Fastnachtmuseum, Luitpoldstraße 4, (Eingang über die Luitpoldstraße 8), 97318 Kitzingen, Tel. (0 93 21) 2 33 55, www.deutsches-fastnachtmuseum.de
● ÖPNV: Buslinie 8101, 8110, 8150, 8286, Haltestelle Kitzingen Rathaus

Gemütlichkeit im Hinterhof

16

Das Hinterhöfle in Volkach

Das Hinterhöfle ist ein Wein- und Biergarten, der eigentlich kein Garten ist. Wie der Name schon sagt, sitzt man in einem Hof, der hinter einem Durchgangshaus versteckt ist. Garten ist er, weil es trotz Steinmauern rundum und Muschelkalkpflaster, jede Menge Grün gibt. Japanische Aukuben, heimischer Wein, farbenfrohe Rosen und eine übermannsgroße Palme gedeihen hier. Obwohl man in dem Weinstädtchen Volkach lieber Wein als Bier trinkt, wurde das Hinterhöfle zum „Schönsten Biergarten" gekürt. Stolz weist die Gastwirtsfamilie Behringer in ihrer Hauspostille darauf hin. Und in der Tat, ist es wunderschön hier! Man sitzt gemütlich in verschiedenen Nischen, hinter Pflanzen verborgen an rustikalen Tischen. Beim Blättern in der Speisekarte stellt man fest, dass die angebotenen Weine aus umliegenden Weingütern stammen und dass frisch und regional gekocht wird.

TIPP

Beim Spaziergang die Türme der Pfarrkirche St. Bartholomäus und St. Georg bewundern.

Sollte es mal regnen oder kalt sein, was sogar in Unterfranken vorkommen kann, haben die Gastronomen gut vorgesorgt und den hinteren Teil des Hofes dezent mit einer beweglichen Glaskonstruktion von der Unbill des Wetters abgeschnitten. Eine Heizung sorgt für kuschelige Wärme. So kann man das spezielle Gartenfeeling bei jeder Wetterlage in der Glasbasilika, wie der Raum vom Gastwirt genannt wird, genießen. Wenn man trotzdem noch Wärme von innen braucht, ist der Winzereintopf sehr zu empfehlen. Eine Suppenschale, fast von der Größe einer Salatschüssel, bekommt man vorgesetzt. In einer kräftig-würzigen Brühe mit einem Schuss vom heimischen Silvaner schwimmen die verschiedensten Gemüse und hausgemachter Bratwurstteig. Eine Scheibe köstliches Bauernbrot fehlt auch nicht. Das macht satt und zufrieden. Dazu noch ein Gläschen Silvaner, denn passen muss das begleitende Getränk schon, dann ist der Gast restlos glücklich. Besonders romantisch wird es im „Hinterhöfle" am Abend, wenn die Lichter angehen und die Kerzen flackern. Dann schmecken die Speisen und der Wein noch mal so gut, und man möchte am liebsten gar nicht mehr gehen.

- Hinterhöfle Wein-, Biergarten, Hauptstraße 30, 97332 Volkach, Tel. (0 93 81) 718-180, www.hinterhoefle.de
- ÖPNV: Buslinie 8105, 8110, 8137, 9308, Haltestelle Bahnhof

s'Hinterhöfle
Wein- und Biergarten mit Kellerlokal

Schämt ihr euch nicht?

17 Staffelbrunserbrunnen in Miltenberg

Da stehen sie nebeneinander und pinkeln die Stufen hinab was das Zeug hält. Der „Glee" senkt schüchtern den Kopf. Sicher ist es ihm peinlich, hier vor allen Leuten. Deshalb reicht sein Strahl auch gerade mal bis auf die nächste Stufe. Der „Angeber" neben ihm pinkelt natürlich am weitesten und braucht nur eine Hand. Die andere hängt lässig an der Seite herab. Den Kopf zum Himmel gewandt, umspielt ein selbstsicheres, hochnäsiges Grinsen seine Züge. „Seht her, ich bin der Beste!" scheint er zu sagen. Der dritte im Bunde, der „Gross", wendet seinen bemützten Kopf zur Seite. Völlig desinteressiert, denn er kennt das ja alles, beachtet er seine beiden Kollegen überhaupt nicht. Sehr ausdrucksstark hat der Aschaffenburger Künstler Bildhauer Helmut Kunkel die Figuren seines Brunnens im Auftrag des Fremdenverkehrsvereins Miltenberg gestaltet. Wie kommt nun eine altehrwürdige Stadt dazu, einen solchen Brunnen direkt am Main zu installieren? Doch wohl nicht, weil man das Toilettenhäuschen, das gleich dahinter steht, besonders betonen wollte? Nein, der Brunnen ist eine bildliche Darstellung einer alten unterfränkischen Tradition. Viele Städte und Gemeinden haben einen Spott- oder Spitznamen, der von den Nachbargemeinden vergeben wurde. Damit wollte man die Besonderheiten des jeweiligen Ortes hervorheben oder dessen Einwohner verspotten. Heute werden die Namen vor allem im Fasching verwendet und dienen der Brauchtumspflege.

TIPP
Etwas traditioneller ist der Marktbrunnen

Angeblich ist der Name „Staffelbrunser" eine Verballhornung des Begriffs „Staffelbrünnler". Das waren diejenigen, die ihr Wasser am Staffelbrunnen geholt haben. Später wurde der Neckname auf alle Miltenberger angewandt. Eine andere Geschichte berichtet, dass die Buben bei Hochwasser nicht die Toilette aufgesucht haben, sondern direkt von den Treppenstufen (Staffeln) ins Wasser des Mains gepinkelt (gebrunst) haben.
Voll Stolz erklärt der Bürgermeister, dass seine drei Staffelbrunser dem Manneken Pis in Brüssel locker den Rang ablaufen.

- Staffelbrunserbrunnen, Mainstraße, 63897 Miltenberg
  www.miltenberg.info
- ÖPNV: Buslinie 80, 81, 82, 86, 88, Haltestelle Zwillingsbogen

Fährmann – hol über!

18 Mainfähre Nordheim-Escherndorf

Schon vor 1000 Jahren, als es noch keine Steinbrücken gab, wollten die Menschen von einem Mainufer zum anderen. Zuerst genügten Einbäume und Kähne für die Überfahrt, aber schon im Mittelalter erwartete man, dass die Überquerungshilfen ganze Fuhrwerke transportieren konnten, sodass Fähren gebaut und eingesetzt wurden. Später ersetzten Brücken die Fähren mehr und mehr, aber als nach dem Zweiten Weltkrieg die Mainbrücken alle zerstört waren, kam man auf die Schiffe zurück. Heute gibt es noch vier Fähren an der Mainschleife, die für kürzere Wege sorgen und nicht zuletzt ein bisschen Romantik und Entschleunigung in unsere hektische Zeit bringen.

Eine besondere Fähre verbindet die beiden bedeutenden Weinorte Nordheim und Escherndorf und damit auch die Maininsel mit dem Festland. 70 Jahre hat die „Mainkuh" auf dem Buckel und ist außerdem eine technische Rarität. Sie wird während ihrer zweiminütigen Fahrt an zwei Stahlhochseilen sicher ans andere Ufer geführt. Diese sind ein Überbleibsel aus der Zeit, als es noch keinen Kanal gab und der Main genug Strömung hatte, um das Fährschiff als Gierseilschiff ans andere Ufer zu treiben.

Auch wenn diese Fahrt auf dem Main nur von kurzer Dauer ist, macht sich sofort eine besondere Art der Entspannung breit, sobald man auf der Fähre angekommen ist. Verlängern kann man diese Erfahrung, wenn man sich in einen Strandkorb am Nordheimer Strand niederlässt und der Fähre zusieht, wie sie für jeden Radfahrer oder Wanderer übersetzt. Bei Hochbetrieb können drei Autos und etliche Radler und Fußgänger befördert werden, doch selbst dann geht es ruhig und gemütlich zu. Ab und an kommen Paddelboote vorbei. Geduldig warten sie, bis die Fähre den Fluss wieder frei macht. Manche Paddler nutzen die Gelegenheit, am Strand anzulegen und sich ein bisschen umzusehen. Der Blick wandert hinauf bis zur Vogelsburg, einem beliebten Hotelrestaurant und Weingarten, und schweift über die endlosen Weinberge hinweg. Eine Idylle, die es so nur in Weinfranken gibt.

TIPP

Nicht nur der Blick hinauf zur Vogelsburg, sondern auch von dort herab ist spektakulär.

- Fähre Nordheim, 97334 Nordheim am Main, Escherndorfer Weg
  www.nordheim-main.de
- ÖPNV: Buslinie 8108, 8110, Haltestelle Raiffeisenstraße, Nordheim a. Main oder Buslinie 8105, Escherndorf Rathaus

Wunschzettel

19 Weihnachtspostamt in Himmelstadt

„Liebes Christkind …“, so beginnen die meisten Briefe an das Weihnachtspostamt in Himmelstadt. Viele Nachrichten sind gemalt, besonders wenn der kleine Absender des Schreibens noch nicht mächtig ist. Oder man will dem Christkind mit aufgeklebten Bildern genau zeigen, welche Barbie-Puppe die richtige ist. Schmunzeln darf man über Wünsche wie „Ain tiga aus schtof“. Aber viele Briefe zeigen, wie ernsthaft Kinder ihre Wünsche überlegen. Sie bitten um Frieden in der Welt, dass sich die Eltern wieder verstehen, sie wünschen Gesundheit für sich und andere. Sogar Grüße an den verstorbenen Opa werden ausgerichtet. Ein Kind bedauert, dass es keine Wünsche, aber dafür dem Christkind ein schönes Bild gemalt habe. Manche Schreiber sorgen sich auch um das Wohlergehen des Christkinds und warnen es vor der Kälte hier bei uns auf Erden, oder wünschen dem himmlischen Kind nicht zu viel Stress bei der Auslieferung der Geschenke. Über 80.000 Briefe aus mehr als 100 Ländern landen jedes Jahr in der Weihnachtspostfiliale. Sie werden von den Helfern des Christkinds sorgfältig gelesen und ein Standardbrief geht an alle Kinder. Besonders berührende Briefe beantworten Rosemarie Schotte, die das Weihnachtspostamt ehrenamtlich leitet, und ihre über 30 Mitarbeiter mit einem persönlichen Schreiben.

TIPP

Eine ständige Ausstellung über das Weihnachtspostamt und eine historische Poststelle gibt es im Zollhäuschen.

Die weihnachtlich geschmückte Postfiliale ist während der Adventszeit geöffnet, eine gute Gelegenheit, den fleißigen Postlern über die Schulter zu sehen. Kinder dürfen ihre Briefe bei einem Engelchen abgeben, das diese zum Christkind bringt. Wer möchte, kann sein Kind mit den Engeln vor der stimmungsvollen Weihnachtsdekoration fotografieren. Zurück zu Hause trifft die ersehnte Antwort aus Himmelstadt dann auch bald ein. Den wartenden Kindern wird glaubhaft versichert: „Die Geschenke für euch werden schon in den himmlischen Werkstätten vorbereitet. Auch ein Geschenk für dich wird ganz sicher dabei sein.“ Glückliche Vorweihnachtszeit!

● Weihnachtspostamt, Kirchplatz 3, 97267 Himmelstadt
www.weihnachtserlebnisse.de

● ÖPNV: Buslinie 610, 8068, RB 58030, 58035, 58039, 58043, 58078,
Haltestelle Hauptstraße

Vormittag
Nachmittag
940
1130
1430
1630

Entdeckungen im Moor

20 Das Schwarze Moor bei Fladungen

Die schaurigsten Horrorgeschichten und die besten Krimis spielen in Mooren. Sherlock Holmes sucht im „Hund von Baskerville" einen Mörder aus dem Moor, und in Schauergeschichten versinken Menschen elendiglich im schwarz gurgelnden Moor.

Dabei sind Moore ganz besondere, empfindliche und schützenswerte Lebensräume. Das Schwarze Moor in der Rhön ist eines der seltenen Hochmoore in Deutschland, das nicht durch Entwässerung und Torfabbau zerstört wurde. Schon im Januar 1939 wurde das etwa 66 ha große Moor unter Naturschutz gestellt, sodass sich viele seltene Tiere wie das Birkhuhn oder die Kleine Moosjungfer, eine besondere Libellenart, hier wohlfühlen. Auch viele ungewöhnliche Pflanzen wie der fleischfressende Sonnentau sind zu finden. Außerdem speichert der Torf viele Tonnen Kohlenstoff und hilft so, den Klimawandel zu verzögern.

Damit dieses wertvolle Biotop erhalten bleibt, dürfen Besucher hier nicht einfach nach Lust und Laune herumspazieren. Auf einem Holzbohlenpfad werden sie durch das Moor geleitet. So ist die empfindliche Flora und Fauna am besten geschützt. Erklimmt man den Aussichtsturm am Weg, wird die Ausdehnung des Moors besonders eindrücklich. Auch die dunklen Wasserlöcher sind gut zu erkennen, und wer genügend Fantasie hat, kann sich eine gefährliche Jagd mitsamt versinkendem Bösewicht vorstellen. Damit es nicht zu gruselig wird, erfahren große und kleine Moorbesucher auf Infotafeln entlang des Weges spannende Details über das Moor. Interessant vor allem auch für die wissenschaftliche Forschung ist die Tatsache, dass das Moor alles konserviert. Nicht nur Moorleichen, womit wir wieder beim Krimi wären, sondern auch jahrtausendealte Pflanzenpollen, die Aufschluss über die Entwicklung der Vegetation geben.

Zum Glück für Biologen und Naturliebhaber werden seltene Biotope heute gut geschützt. Deshalb sollte man sich als Besucher unbedingt an die Regeln halten, damit diese wertvollen Naturgüter erhalten bleiben.

TIPP

In der Rhön sind nachts besonders viele Sterne zu sehen. Es gibt geführte Sternenbeobachtungen.

- Infostelle Schwarzes Moor, Schwarzes Moor 1, 97650 Fladungen, Tel. (0 97 78) 74 85-1, www.biosphaerenreservat-rhoen.de
- ÖPNV: Buslinie 8007, Haltestelle Sennhütte oder Ruf 8012, Haltestelle Schwarzes Moor

Zeigt her eure Füße

21

Maßschuhe aus Iphofen

Wie angenehm ist es doch, richtig bequeme Schuhe zu tragen, die nirgends drücken und kneifen, die noch nach Stunden den Füßen guttun und die sogar am Problemfuß wie angegossen sitzen. Das gibt es nicht? Doch! Thorsten Gernert macht den perfekten Schuh: bequem, schick und nach Maß. Der gelernte orthopädische Schuhmacher und Maßschuhmacher hat sich die Aufgabe gestellt, vor allem Herren, aber auch Damen glücklich zu machen.

Sein Geschäft in Iphofen verbindet das Design eines modernen Schuhgeschäfts mit dem Charme einer alten Schusterwerkstatt. Ein hölzernes Wandregal voller Herrenschuhe fällt sofort ins Auge. Edel sehen sie aus, das Leder glänzt, die Farben harmonieren, man sieht sofort, dass diese Schuhe von Hand gefertigt sind. Etwas weiter hinten sind die Damenschuhe ausgestellt. Unterschiedlichste Modelle in kräftigen Farben, oft spannend kombiniert, zeigen die Bandbreite des Angebots. Auch hier ist der Unterschied zur Stangenware offensichtlich. Dekorativ zwischen den Regalen verteilt sind traditionelle Werkzeuge der Schuhherstellung. Auch sie machen deutlich, dass hier Handarbeit angesagt ist. Der „Thron" an der Rückwand des Raumes ist nicht etwa ein Hinweis darauf, dass der Kunde hier König ist, er dient zum Vermessen der Füße. Von da an braucht es ungefähr 350 Arbeitsschritte bis zum fertigen Schuh. Dazwischen wird probiert, ob auch alles passt, und so dauert es eine Weile, bis man seinen Schuh in Händen hält. Wie man sich denken kann, sind maßgeschneiderte Schuhe nicht gerade billig. Dafür passen sie ausgezeichnet, halten ewig und sind wirklich individuell. Sollten im Lauf der Zeit doch Abnutzungserscheinungen auftreten, repariert sie der Meister selbstredend. Für Menschen mit Fußproblemen arbeitet er Schuhe auch orthopädisch um. Niemand muss auf passendes und schönes Schuhwerk verzichten. „Wer gut geht, dem geht's gut!" Davon ist Gernert überzeugt. Damit ist seine Maßschuhwerkstatt ein Glücksort für jeden, der gutes Schuhwerk und altes Handwerk zu schätzen weiß.

TIPP

In Iphofen gibt es übrigens einen guten Silvaner, den Iphöfer Julius-Echter-Berg.

● Thorsten Gernert Maßschuhe, Marktplatz 26A, 97346 Iphofen, Tel. (0 93 23) 8 75 33 75, www.massschuhe-thorsten-gernert.de
● ÖPNV: Buslinie 8107, Haltestelle Rödelseer Tor

Schwein muss man haben!

22

Die Tourist-Information in Schweinfurt

Man kommt in eine Stadt, zu klein für einen Reiseführer, jedoch groß genug, dass man sich eine Orientierungshilfe wünscht, außerdem interessant genug, um vielleicht sogar über Nacht zu bleiben. Wohin geht der Fremdling wohl als Erstes? Na klar, zur Tourist-Information. Für den Anfang findet er hier schon mal einen Stadtplan. Dazu unzählige Flyer und Broschüren, die für alle möglichen Events, Aktivitäten und Sehenswürdigkeiten werben. Eine Zimmervermittlung ist auch zu finden, mehr aber auch nicht.

Wenn man allerdings das Glück hat in Schweinfurt zu sein, findet man die bunten Blättchen natürlich auch, aber hier gibt es noch mehr. Für Menschen, die Zeit mitgebracht haben, die Stadt mit ihren versteckten Schönheiten kennenlernen möchten und dabei die Gemütlichkeit nicht vergessen, hat man sich in Schweinfurt etwas besonders Charmantes ausgedacht. Für kleines Geld wird man Besitzer eines „Pig"-Nickkorbs. Dieser Korb ist gefüllt mit allen guten Dingen, die ein Picknickkorb braucht: einer Decke für die Bequemlichkeit, einer Flasche Secco mit zwei Gläsern, einer Tüte mit Knabbereien und auf Wunsch ist sogar eine Radkarte dabei. Ein wunderbarer Korb! Aber wo soll der Ortsunkundige damit hin? Zum Glück sind die Mitarbeiter der Information hier so freundlich, dass sie gerne mit unzähligen Tipps weiterhelfen, selbstverständlich kostenlos. Die Wege zu verschwiegenen Plätzen am Mainufer, die zum Chillen und Leeren des Korbs einladen, werden erklärt. Ein besonders interessanter Tipp führt auf den letzten Weinberg der ehemaligen Weinstadt Schweinfurt. Hier kann man sich mit seinem Körbchen niederlassen und Main und Stadt von höherer Warte aus betrachten. Das sind nur zwei von vielen guten Ideen, die die Damen und Herren in der Info gern weitergeben. Einfach fragen, den Pig-Nickkorb schnappen, den Stadtplan nicht vergessen und los geht's. Es ist sehr wahrscheinlich, dass man vom Glücksort im Rathaus gleich zum nächsten Glücksort geschickt wird. Viel Spaß beim Pig-nicken!

TIPP

Den gibt's diesmal bei der Tourist-Information.

- Tourist-Information Schweinfurt 360°, Rathaus, Markt 1, 97421 Schweinfurt, Tel. (0 97 21) 5 13 60-0, www.tourismus.schweinfurt.de
- ÖPNV: Buslinie 52, 61, 71, 82, Haltestelle Museum Georg Schäfer

GEPRÜFTE
TOURIST
INFORMATION
Schweinfurter
Glücksschweinchen
Kraft tanken
Regionale Vielfalt
Mainbogen
HEINRICH
3,80 €
URLAUBSMA
SCHWEI
NFURT
STADTU
LAND
franken
tourismus.de
EINFACH
ANSTOSSEN.
DER SECCO.

Die Bilderbibel

23 Die Martinskapelle in Bürgstadt

Muss man denn immer dem großen Glück nachjagen? Oft sind es die kleinen Momente der Stille und der Besinnung, die besondere Glücksgefühle auslösen. Mit Sicherheit gehört die Martinskapelle zu den Orten, an denen solche Erfahrungen möglich sind. Das schlichte Kirchlein stammt schon aus dem 10. Jahrhundert und gehört damit zu den ältesten Kirchen Frankens. Wenn man durch das gotische Westportal die Kirche betritt (den Schlüssel gibt es bei der Gärtnerei nebenan), wird sofort klar, in was für einem Schatzkästlein man sich gerade befindet. Im ersten Moment fühlt man sich wie in einem begehbaren Bilderbuch. Decke und Wände sind farbig bemalt, ihr Anblick lässt einen nicht nur staunen, man ist geradezu überwältigt. Man kann tatsächlich Stunden hier verbringen, bis man sich alle Bilder angeschaut hat.

TIPP
Unter der Telefonnummer (0 93 71) 9 73 80 können Führungen gebucht werden.

Der Nürnberger Künstler Andreas Herneisen malte 1589 den Chorraum und die Empore aus. Weil diese Bilder zeitweise übermalt waren, sind sie leider nicht mehr so gut erhalten. Die Deckenmalerei stammt vom selben Künstler. Spannend dabei ist, dass er die Ornamente direkt auf das Holz, die Figuren jedoch auf Papier malte, das dann auf das Holz geklebt wurde. Das Langhaus wurde von einem Maler mit den Initialen I.B.M. im Jahr 1593 mit einer sogenannten Bilder- oder Armenbibel ausgestaltet. Damals konnten sich nur wenige Menschen eine gedruckte Bibel leisten, viele waren auch des Lesens nicht mächtig. Für diese Menschen malte man die Kirchenräume mit den wichtigsten Szenen aus. Hier in Bürgstadt findet man 40 Medaillons in drei Reihen. Ganz oben befinden sich Motive aus dem Alten Testament. Die mittlere Reihe widmet sich dem Leben Jesu und in der unteren Reihe berichten die Bilder über die Passion und die Auferstehung. Unter jedem befindet sich ein gereimter Merkspruch, der das jeweilige Bild erläutert.

Ein bisschen Zeit für diesen besonderen Kirchenraum sollte man sich schon nehmen. Schauen, staunen, nachdenken und sich der Momente der Einkehr und des ruhigen Glücks hingeben.

- Martinskapelle, Martinsgasse 22, 63927 Bürgstadt
  www.miltenberg.info
- ÖPNV: Buslinie 80, 85, 977, Haltestelle Alte Kirche

Glück für Groß und Klein

24 Tierpark Sommerhausen

Zehn strahlende Kinder sitzen an einem Tisch in der Picknickarea und genießen Wiener Würstchen und Apfelschorle. Dabei erzählen sie sich gegenseitig Witze, über die nur Kinder wirklich lachen können. Man kann sich nur herzlich freuen über ihr Glück. Und wenn man sich im Tierpark umsieht, versteht man, warum es den Kids hier so gut geht. Beginnen wir mit den Tieren. Es sind keine Exoten, sondern einheimische Haus- und Nutztiere wie Ziegen, Ponys und Esel, Kaninchen, Schildkröten, Pfauen, Frettchen und viele mehr. Sie dürfen beobachtet, gefüttert und gestreichelt werden. Viele der Tiere im Park werden zu therapeutischen Zwecken eingesetzt. Die Patienten lernen Beziehungen zu Tieren aufzubauen, indem sie ihr Tier nach Kräften versorgen und mit ihm spielen. Auch therapeutisches Reiten wird angeboten. Alle Tiere werden artgerecht gehalten und von behinderten Mitarbeitern liebevoll versorgt.

Neben den Tieren sind es die Spielplätze, die Kinderaugen zum Strahlen bringen. An heißen Tagen ist vor allem der Wasserspielplatz sehr begehrt. Wer genug hat vom nassen Element, kann sich auf dem Naturerlebnisspielplatz so richtig austoben. Klettern, schaukeln, hüpfen, rutschen, über Hängebrücken hangeln, eine Burg erobern, mit der Seilbahn fahren, sich auf der Drehscheibe schwindelig drehen oder den Erlebnispfad durchwandern. Die Eltern können auf bequemen Bänken entspannen und am Glück ihrer Kinder teilhaben.

Die Umweltstation im Tierpark ist „eine staatlich anerkannte Einrichtung der außerschulischen Umweltbildung bzw. Bildung zur nachhaltigen Entwicklung". Hinter diesen nüchternen Worten verbirgt sich viel Spaß und interessantes Erleben. Ob Kindergeburtstag, Gruppenveranstaltungen für Krabbelkinder wie für Senioren, egal ob mit oder ohne Handicap, für alle gibt es passende Angebote. Sogar übernachten kann man im Tierpark. Gruppen ab zehn Personen können in Tipis schlafen und Abende am Lagerfeuer genießen. Ein Tierpark, den man eigentlich in „Glückspark" umbenennen sollte.

- Tierpark Sommerhausen, An der Tränk, 97286 Sommerhausen, Tel. (0 93 33) 10 76 www.tierparksommerhausen.de
- ÖPNV: Buslinie 554, 555, Haltestelle Gh. Schwanen (Fußweg über 1 km)

Kurbad der Ruhe

25

Schmuckhof in Bad Kissingen

Wenn Bad Kissingen von Kurgästen und Touristen bevölkert ist, und es sogar in den Kuranlagen lauter und hektischer wird, dann sehnt man sich nach einem ruhigen Ort, einer Oase für die Seele. Der Schmuckhof bietet Inspiration und Entspannung. Er ist von außen nicht zu sehen, denn er liegt eingebettet zwischen Arkaden- und Regentenbau. Durch die Tourist-Information gelangt man an den Lesesälen vorbei zu dem kleinen, aber wunderschönen Innenhof. Sofort ist man begeistert von der Gestaltung des rechteckigen Atriums. Ein grün umrankter Laubengang bildet den Übergang von den Gebäuden, deren Wände aufwendig mit Fresken in Ocker- und Gelbtönen auf blauem Grund bemalt sind, zu der tiefergelegenen Rasenfläche in der Mitte des Hofes.

TIPP

Prunkvolle Räume gibt es bei einer Führung im Regentenbau zu sehen.

Drei Brunnen überspielen mit ihrem sanften Plätschern alle Geräusche, die vielleicht noch von außen hereindringen. Bänke im Laubengang laden zum Verweilen und Betrachten des Ensembles ein. Vier Skulpturen, Figuren aus der griechischen und römischen Mythologie, bilden die Eckpunkte des Rasenstücks. Venus, die Göttin der Gärten, des Frühlings und der Liebe, betrachtet sich zufrieden im Spiegel. Diana, die Göttin der Jagd, wird von ihrem Hund begleitet und schaut sinnend auf einen Pfeil in ihrer Hand. Perseus, der Sohn des Zeus, trägt einen übergroßen Medusenkopf auf seiner Schulter und Bacchus, der Gott des Weines hält seine Trauben in der Hand. Man fühlt sich wie in einem italienischen Garten der Renaissancezeit.

Nicht immer ist der Schmuckhof so still und beschaulich. Wegen seiner Schönheit wird er gern für Sektempfänge bei Hochzeiten oder sonstigen Gelegenheiten gemietet. Wenn im angrenzenden Weißen Saal Veranstaltungen stattfinden, breiten sich deren Gäste gern in dem kleinen Garten aus. Manchmal finden in dem einladenden Ambiente kleine Konzerte statt. Egal wofür der Schmuckhof auch immer genutzt wird. Ob als Ort für eine ruhige Meditation oder als stilvoller Platz für einen Empfang. Ein Glücksort ist er auf alle Fälle.

- Schmuckhof, Am Kurgarten (Touristinformation), 97688 Bad Kissingen www.badkissingen.de
- ÖPNV: Buslinie 4, 8, 8190, Haltestelle Theresienstraße

Zähl die heit'ren Stunden nur

26

Sonnenuhr in Aschaffenburg

Südliches Flair strahlt der neue Theaterplatz aus, lädt ein zum Verweilen und Genießen. Für Theaterbesucher, aber vor allem auch für die Anwohner wurde ein Wohlfühlort geschaffen. Hochlehnige Bänke unter Schatten spendenden Bäumen auf der einen Seite sind ideal bei großer Hitze. Ein Wasserlauf grenzt sie von der gepflasterten Fläche ab. Wer es lieber sonnig mag, findet auf der anderen Seite des Platzes breite Ruhebänke, die des Nachts von Lichtstelen illuminiert werden. Gleich gegenüber dem Theater befindet sich die Stadtloggia mit einem Sommercafé, die dank einer Überdachung auch an Regentagen das Draußensitzen ermöglicht. Palmen, Oleander und Olivenbäume in großen Kübeln sorgen für Urlaubsfeeling. Aber die wahre Attraktion des Platzes ist eine der größten Sonnenuhren Deutschlands. Etliche Linien, Punkte, römische Ziffern und Tierkreiszeichen wurden nach genauen Berechnungen in den hellen Granit des Bodens gefräst und mit dunklem Stein ausgelegt, sodass man alles gut erkennen kann. Aber was ist eine Sonnenuhr ohne Zeiger? Fast eine Tonne wiegt der sechseinhalb Meter hohe Gnomon, so heißt der Zeiger. Er besteht aus Edelstahl und trägt oben eine im Durchmesser 35 cm große Kugel, die den Schatten wirft, an dem die Zeit abgelesen werden kann. Das ist gar nicht so einfach, denn die Sonnenzeit stimmt nicht mit unserer Uhrzeit überein. Je nach Längengrad verschiebt sich die Zeit, und so differieren „wahre Ortszeit“ und „MEZ“. Auf dem Analemma, das ist die lang gestreckte Acht auf dem Boden, kann man das aktuelle Datum ablesen. Wer glücklicher ist, wenn er alles genau weiß, besucht am besten den lehrreichen Ausstellungsraum in der Stadtloggia. Von dort hat man auch den besten Blick auf das Liniengeflecht am Boden. Und noch eine Raffinesse hat die Sonnenuhr zu bieten. In den Gnomon ist eine Lampe eingebaut, so ist auch zu nächtlicher Stunde das Ablesen der Uhrzeit möglich.
Daraus folgt: In Aschaffenburg gibt es heitere Stunden auch bei Nacht. Was will man mehr?

TIPP

In der Tourist-Information kann man Führungen auch zur Sonnenuhr buchen.

● Sonnenuhr, Theaterplatz, 63739 Aschaffenburg
www.sonnenuhr-ab.de
● ÖPNV: Buslinie 4, Haltestelle Schweinheim Aumühlstraße

Literatur pur

27 Literaturhaus in Wipfeld

München, Nürnberg und Wipfeld werden in einem Atemzug genannt, wenn es um Literatur geht. Das sind die drei Orte der Literatur in Bayern. 2009 gesellte sich das Winzerdorf mit seinen gut 1100 Einwohnern zu den beiden Großstädten. Aber wie kommt ausgerechnet Wipfeld zu einem Literaturhaus? Ganz einfach: Immerhin vier Literaten von Rang brachte der Ort in den letzten 550 Jahren hervor. Wenn das kein Anlass für die Gründung eines Literaturhauses ist! So fand sich ein barockes Fachwerkhaus im Gemeindebesitz direkt im Ortskern, romantisch an einem Bach gelegen. Hier ließ sich ein Museum für die vier bedeutenden Autoren einrichten. Im Obergeschoss des Hauses wurde jedem der vier Autoren ein Raum gewidmet. Eulogius Schneider (1756–1794) war Mönch, Prediger und Professor für Poetik. Als Revolutionär übersetzte er die Marseillaise, er wurde in Paris durch die Guillotine hingerichtet. Nikolaus Müller (1758–1833) gab in seinen Büchern Hilfestellungen für den Alltag. Er war Händler und Schultheiß in Wipfeld. Engelbert Klüpfel (1733–1811) verfasste als Augustinermönch theologische Werke und eine Biografie von Conrad Celtis (1459–1508), dem wohl bekanntesten Sohn des Ortes. Er war einer der wichtigsten Vertreter des Humanismus. Sein berühmtestes Werk wurde von Albrecht Dürer illustriert, die „Quattuor libri amorum“, die vier Bücher der Liebe.
Das Literaturhaus sollte ein Haus des Lesens und Schreibens vor allem auch für die fränkische Literatur werden. Die Lounge lädt zum Schmökern ein, Autorenlesungen finden im Haus oder auf der Autorenbühne am lauschigen Bachufer statt. In Workshops kann man sich mit der Entstehung von Texten beschäftigen, Schreibseminare fördern verborgene Talente. Übers Jahr gehören Ausstellungen, Museumsführungen und Kinderprogramme zu den regelmäßigen Angeboten des rührigen Hauses. Das Literaturhaus in Wipfeld mit seiner Leselounge, dem Literaturforum und einem modernen Literaturmuseum ist für jeden Literaturfreund ein Glücksort par excellence.

TIPP

Der Historische Weinberg an der Wipfelder Kirchsteige – seit 1723 nahezu unverändert.

● Literaturhaus Wipfeld, Bachgasse 1, 97537 Wipfeld,
Tel. für Führungen: (0 93 84) 97 30-0, www.literaturhaus-wipfeld.de
● ÖPNV: Buslinie 441, 8105, 8135, Haltestelle Nikolaus-Müller-Straße

Literaturhaus
Wipfeld
ratur
eltis
gius Schneider
–1794)
bert Klüpfel
811)
Nikolaus Müller
1758–1833)
LiteraturForum
Museum
Leselounge
AutorenBühne
Literaturhaus
Wipfeld

Muskat gegen den Kater

28

Café Kehl und Café Achtmann in Dettelbach

Echte Muskazinen gibt es nur in Dettelbach. Allein deshalb muss man den hübschen Weinort unbedingt besuchen. Muskazinen sind ein traditionelles fränkisches Gebäck, das – nomen est omen – viel mit Muskat zu tun hat und ziemlich nach Weihnachten schmeckt. Das mag vielleicht auch daher kommen, dass die Muskazinen ursprünglich nur für Wallfahrer gebacken wurden, die nach Dettelbach zur Mutter Gottes in die Kirche Maria im Sand pilgerten.

Aber wie kam es zu diesem außergewöhnlichen Gebäck? Die Entstehungsgeschichte hat viele Varianten, eine lautet so: Ein Dettelbacher Zuckerbäcker mit Namen Urban Degen hatte eines Abends wohl zu intensiv vom heimischen Wein gekostet, sodass er am nächsten Morgen mit einem fürchterlichen Kater erwachte. Von einem ritterlichen Pilger, und hier ist nicht nur das Verhalten gemeint, erhielt der Bäcker ein paar Stückchen Muskat, die den Kater schnell verjagten. Begeistert von der schnellen Linderung experimentierte der Erlöste mit dem wirkungsvollen Gewürz und erfand so die Muskazinen. Degen wollte dem erstaunlichen Gebäck auch eine besondere Gestalt geben. So schnitzte er ein Model in der Form seiner zur Schleife gebundenen Krawatte, die der eitle Mann gern trug und fertig war das neue und bis heute einmalige Naschwerk. Erst kurz vor seinem Tod vermachte Degen das Geheimrezept seinen Kollegen mit der Auflage, es nur an ortsansässige Bäcker und Konditoren weiterzugeben. Heute gibt es in Dettelbach noch zwei Backstuben, die das Gebäck herstellen. Die ältere im Café Kehl, das seine Muskatzinen mit tz schreibt und den Teig neben Haselnüssen, Kardamom, Nelken, Zimt und Muskat noch mit Zitronat und Orangeat verfeinert. Der andere ortsansässige Konditor, der das Gebäck vertreiben darf, bäckt im Café Achtmann. Anstelle der Früchte wird seinen Muskazinen Marzipan hinzugegeben. Welches ist nun tatsächlich das Originalrezept, oder gibt es das „Echte“ gar nicht mehr? Egal! Auf jeden Fall beide probieren, der Geschmack findet sein Original. Guten Appetit!

TIPP

Auch wenn man nicht pilgert, ein Besuch de Wallfahrtskirche lohnt sich.

- Café & Konditorei Kehl, Eichgasse 5, 97337 Dettelbach, Tel. (0 93 24) 97 30-0, www.cafe-kehl.de,
  Café Achtmann, Falterstraße 24, 97337 Dettelbach, Tel. (0 93 24) 14 98
- ÖPNV: Buslinie 8108, 8110, 8286, Haltestelle Dettelbach Rathaus

Café · Konditorei
KEHL
Frankens älteste Konditorei
seit 1686
Dettelbacher
Muskatzinen
250 g

Blick durch den Bocksbeutel

29

Das terroir f in Großlangheim

Für Autofahrer ist sie nicht so leicht zu finden, für Radfahrer oder Wanderer mit entsprechenden Karten ist es sicher einfacher, die Hardthütte inmitten der weitläufigen Weingärten des Kiliansbergs, so heißt die Weinlage, aufzuspüren. Endlich angekommen, findet man einen reizvoll gelegenen Rastplatz vor und entdeckt gleich nebenan ein, auf den ersten Blick, etwas seltsam wirkendes Gebilde. Bei genauerem Hinsehen wird deutlich, dass es sich um eine Aussichtsplattform in Gestalt eines liegenden Bocksbeutels handelt, der auf einem Holzsockel über den Weinreben schwebt. Über eine Treppe gelangt man hinauf zu der „Flasche“ aus Stahlstreben und kann von dort einen fantastischen Panoramablick über die Rebzeilen hinüber zum Schwanberg und das Maintal genießen. Bei klarem Wetter ist in der Ferne sogar die Rhön zu erkennen. Darüber hinaus erfährt man Interessantes über die eigenwillige Weinflasche der Franken, den Bocksbeutel. Er stammt schon aus der Keltenzeit um 1400 v. Chr. und nur wenige Weinbauregionen außerhalb Frankens dürfen diese besondere Flaschenform benutzen.

TIPP

Wie wäre es mit einer Rundreise zu den anderen terroir-f-Punkten im nächsten Urlaub?

Dieser besondere Glücksort bei Großlangheim ist einer von bisher 18 „terroir f“-Punkten, die es in Franken gibt. Es sind „magische“ Plätze, die atemberaubende Fernsichten mit dem charakteristischen Flair eines besonderen Anbaugebietes verbinden und dabei über die unterschiedlichsten Themen, die mit dem Wein zu tun haben, das terroir, informieren. Kein terroir-f-Punkt gleicht dem anderen in seiner Architektur, Landschaft und Thematik. Der Name des Projektes hätte nicht besser gewählt werden können, denn terroir beschreibt alle Faktoren, die einen Wein prägen: seine Herkunft, die individuelle Bodenbeschaffenheit, die klimatischen Gegebenheiten, das Kleinklima im Boden, die Exposition des Weinbergs, die Rebsorte und natürlich die Philosophie und Arbeitshaltung des Winzers. Das „f“ steht für Franken. Genauso gut passt es zur Freude, die sich beim Blick durch den Bocksbeutel von Großlangheim einstellt.

- Info-Adresse: Markt Großlangheim, Schwarzacherstraße 4, 97320 Großlangheim, Tel. (0 93 25) 9 73 20, www.grosslangheim.de
- ÖPNV: Buslinie 8110, 8150, Haltestelle Pfriemsplatz

terroir f
Der Bocksbeutel
Wurde der Bocksbeutel auch mit Bier befüllt?
Gibt es nur Frankenwein im Bocksbeutel?
Welche Rebsorte verkörpert Franken?

Unendliche Weiten

30 Johann-Kern-Sternwarte bei Wertheim

„Ich hol dir die Sterne vom Himmel" – dieses poetische Versprechen lässt sich beinahe realisieren. Zumindest kann man die Sterne etwas heranholen. Man braucht dazu nur ein starkes Fernrohr und eine klare Nacht. Dann kommen nicht nur die Venus, die wir als Abend- oder Morgenstern wahrnehmen, sondern auch das Sternbild der Kassiopeia oder der Große Wagen näher. Sogar der Polarstern als letzter Stern der Deichsel am kleinen Wagen ist sichtbar. Wer der Faszination Weltall noch näher kommen will, sollte durch ein Teleskop sehen. Denn dann tun sich atemberaubende Welten auf. Planeten, Sternhaufen, Ringnebel, sogar ferne Galaxien werden sichtbar. Aber wer besitzt schon ein solch großes Teleskop?

Der Landwirt Johann Kern lebte von 1895 bis 1975 im Spessart. Er war ein begeisterter Sterngucker und erlangte als „Bauernastronom" einige Berühmtheit. Er schrieb: „… wer sich mit der Astronomie befaßt, der muß nachts heraus, wenn andere sich in den Betten räkeln. Und glauben Sie mir, es ist bitterkalt in einer sternklaren Winternacht, wenn ich … ins All blicke. Aber das, was ich sehe, entschädigt mich für alle Entbehrungen." Seine Leidenschaft für die Astronomie war so groß, dass er mithilfe von Sponsoren 1962 ein Teleskop mit einem Spiegeldurchmesser von 61 cm und einer Brennweite von drei Metern herstellen ließ. Nach seinem Tod übernahm der neu gegründete Verein JKSW das Teleskop und baute die Sternwarte bei Reicholzheim vor den Toren Wertheims, denn dort ist es nachts noch einigermaßen dunkel. Später wurde ein zweites Teleskop zur Sonnenbeobachtung angeschafft, sodass der Himmel bei Tag und Nacht bewundert werden kann.

Wer also kein eigenes Teleskop besitzt, sollte die Johann-Kern-Sternwarte besuchen. Einmal im Monat und bei klarem Himmel ist die Warte für Besucher geöffnet. Aber schon Marc Aurel wusste, der Blick gen Himmel lohnt auch ohne Technik: „Blicke oft zu den Sternen empor – als wandelst du mit ihnen. Solche Gedanken reinigen die Seele von dem Schmutz des Erdenlebens."

● Johann-Kern-Sternwarte, Galgengraben, 97877 Wertheim

Dorf oder Museum?

31 Kirchenburgmuseum Mönchsondheim

Ist das hier ein Dorf oder ein Museum? Beides! Denn Teile des Ortes bilden ein ungewöhnliches Freilandmuseum. Hier stehen noch alle Häuser „in situ", also an ihrem Originalplatz. Man spürt, dass man in einem gewachsenen Dorf unterwegs ist. Das Zentrum von Dorf und Museum bildet die Kirchenburg, die gleichzeitig auch Namensgeberin des Museums ist. Kirchenburgen hatten die Aufgabe, die Bevölkerung im Krieg zu schützen und Vorräte sicher zu lagern. Deswegen wurden in Mönchsondheim rund um die Kirche kleine unterkellerte Einraumlagerhäuschen, die Gaden, errichtet. Heute werden uns hier Berufe und Lebensgewohnheiten aus alten Zeiten nahegebracht. Die Wohnung des Mesners zeigt, auch damals machte man es sich gern bequem. Direkt über seinem Bett hängt der Glockenstrick von der Decke. So konnte der Mesner seinen Dienst versehen, ohne dafür aufstehen zu müssen. Ähnlich vorteilhaft hatte es sich der Lehrer eingerichtet. Das Klassenzimmer war so in die Wohnung integriert, dass er zu Not vom Bett aus unterrichten konnte. Homeoffice anno dazumal!

TIPP
Achten Sie auf die empfehlenswerten Führungen und Veranstaltungen im Museum.

Außerhalb der Kirchenburg ist das Rathaus mit Posthilfsstelle und Bäckerei zu besichtigen. Der alte Backofen wird übrigens auch heute noch benutzt! Viel zu entdecken gibt es auch im ehemaligen Gasthaus „Zum Schwarzen Adler". Neben der einfachen Wirtsstube und den gut ausgestatteten Privaträumen kann der Besucher die alte Kegelbahn und den gut gepflegten Kräutergarten bewundern. Eine archäologische Grabungsstelle „archäosuntheim" präsentiert Funde von der Steinzeit bis zum Mittelalter. Der Kleinbauernhof Hahn, der noch bis 1978 bewohnt war, obwohl es im Haus kein fließendes Wasser gab, zeigt, wie bescheiden man manchmal noch bis in unsere Zeit lebte. Als das Schulzimmer in der Kirchenburg zu klein wurde, erbaute die Gemeinde in den 1920er-Jahren ein neues Schulhaus mit Lehrerwohnung und einem Schulsaal, dessen Bänke man heute drücken kann, um einen Text in Sütterlin zu entziffern. Ein tolles Museum mit großem Potenzial für Glücksmomente.

- Kirchenburgmuseum Mönchsondheim, An der Kirchenburg 5, 97346 Iphofen, Tel. (0 93 26) 12 24, www.kirchenburgmuseum.de
- ÖPNV: Buslinie 8107, Haltestelle Bahnhofstraße, Markt Einersheim (Entfernung 2,3 km)

Grüß Gott
liebe Kinder!
1 2 3 4 5 6 7 8 9 0

Spieglein, Spieglein ...

32 Schneewittchen in Lohr

Es war einmal vor langer Zeit, da wurde im Schloss zu Lohr am Main Maria Sophia Margaretha Catharina von Erthal geboren. Sie sei das historische Vorbild für die berühmte Märchenfigur des Schneewittchens. Das glaubt der Lohrer Apotheker und Historiker Dr. Karlheinz Bartels nachweisen zu können. Er belegt seine These mit geschichtlichen Ereignissen und Hinweisen auf landschaftliche Gegebenheiten. Wer Märchen liebt, muss als Erstes das Schloss in Lohr besuchen, denn es empfängt seine Besucher mit den eisernen Silhouetten von Schneewittchen und den sieben Zwergen. Das Spessart-Museum hält weitere Infos über Schneewittchen bereit. Hier haben die Damen die Gelegenheit, den berühmten Spiegel zu befragen: „Spieglein, Spieglein an der Wand, wer ist die Schönste im ganzen Land?" Wenn er nicht antwortet, sollte man nicht traurig sein, denn wer weiß wie die Antwort ausgefallen wäre.

TIPP

Lustige Geschichten erzählen die Lohrer Hörbänke – draufsetzen und zuhören!

Bei einem anschließenden Stadtbummel wird man Schneewittchen auf Schritt und Tritt begegnen. Auf Pralinen und Kuchen, auf Tassen und T-Shirts und natürlich als Kunstwerk. Vor der Stadthalle steht die umstrittene Skulptur des Künstlers Peter Wittstadt. Sein Schneewittchen ist drei Meter hoch und erinnert eher an Medusa, oder im besten Fall an eine Frau mit wild abstehenden Dreadlocks. Der Gymnasiast Valentin Lude sprayte ein Abbild der Skulptur, gab ihr ein Messer in die Hand und schuf so das „Horrorwittchen", das messerschwingend auf die sieben Zwerge losgeht. Mit seinem Anti-Schneewittchen hat er offenbar ins Herz der Lohrer getroffen, denn die Karikatur ist als Autoaufkleber oder auch auf Kleidung recht häufig zu sehen. Den Gegenpart spielt das Werk einer einheimischen Künstlerin, deren Schneewittchen ist weiß wie Schnee und sitzt brav mit ihrem Apfel auf einer Parkbank. Es mag wohl die aufgebrachten Gemüter beruhigen.

Wer zu seinem Glück auch noch die sieben Zwerge braucht, muss bloß 35 Kilometer über die sieben Berge wandern. Die glücklichen Zwerge leben nämlich in den alten Bergwerken von Bieber.

- Schloss mit Spessartmuseum, Schlossplatz 1, 97816 Lohr a. Main, Tel. (0 93 53) 7 93-23 99, www.spessartmuseum.de
- ÖPNV: Buslinie 8036, Haltestelle Lohr a. Main Krankenhaus

Spielen, lernen, glücklich sein

33 Smart Pfad Odenwald

Spielen, toben und dabei lernen, das macht Kindern enormen Spaß und Eltern glücklich. Wird der Pfad per Rad erkundet, ist auch die Gesundheit bedacht und das Familienglück perfekt. Der Smart Pfad Odenwald verläuft zwischen Mudau und Amorbach und ist Deutschlands längster MINT-Outdoor-Pfad für Kinder bis ins hohe Alter. MINT steht für Mathematik, Informatik, Naturwissenschaft und Technik. 45 spannende Exponate aus diesen Fachgebieten bieten die sechs Stationen auf dem 15 km langen Weg. Wer Kräfte sparen will, startet in Mudau und rollt bequem bergab nach Amorbach. Gleich am Start wird berechnet, wie oft sich die Räder bei kleinen und großen Bikes bis ins Ziel drehen müssen. Dann geht es los zur ersten Station „Knobeln und Experimentieren". Hier hebeln die Kleinen ganz easy ihre Eltern in die Höhe. Mit einer indischen Klimaanlage kann ganz einfach die Temperatur gesenkt werden, und ein Vier-gewinnt-Spiel bringt die grauen Zellen auf Trab. Und weiter geht's zur nächsten Station, an der es um „Beobachten und Bestimmen" geht. Richtig, das hat mit Tieren zu tun, die gesucht und erkannt werden sollen. Wann kann man schon mal einen Dachsbau von innen kennenlernen? „Wasser erforschen" ist das Thema am nächsten Halt, der spannende Experimente mit dem nassen Element verspricht. Wenn alles wieder getrocknet ist, rollt man weiter zur „Wald erleben"-Station, an der man sich mit den verschiedensten Waldthemen befassen kann. Um einiges schlauer, radelt man zum nächsten Platz. „Kriechen und Krabbeln" heißt es hier. Kleine Tiere werden ganz groß, sodass man sie genau studieren kann. Schon nähern wir uns der letzten Station in Amorbach. Hier wird Sand mit Förderbändern und Hebeeinrichtungen transportiert, auf einem Möbiusband geklettert und mit Hören und Sehen experimentiert.

Wie schnell ist so ein Tag voller Abenteuer und Action vorbei. Ein großer Spaß für Kinder und Erwachsene, von dem alle sicher noch lange schwärmen werden.

TIPP

Nichtradler können einzelne Stationen auch mit dem Auto anfahren.

- Startpunkt: Am Stadtgarten, 69427 Mudau, oder Bürgerpark, 63916 Amorbach www.smart-pfad.de
- ÖPNV: Buslinie 84, 94, Haltestelle Am Billbach oder Buslinie 92, 95, 99, RB 23518, 23568, Haltestelle Bahnhof, Amorbach; Buslinie 821, 832, Haltestelle Mudau Bahnhof, Mudau

Sinnen und Verstand
Ein Möbiusband hat nur eine einzige Kante und auch nur eine Seite
Wer das nicht glauben mag, darf es an diesem Klettergerüst austesten
Der Klangverstärker ist wie ein großes Ohr
Leise entfernte Geräusche sind an der kleinen Trichterseite besser zu hören
Was hörst du?
Ein Spiegel reflektiert dein Gesicht
Zwei Spiegel können dich schon in die Unendlichkeit blicken lassen
Und die sechs Spiegel im Inneren dieses Kaleidoskops?
www.smart-pfad.de
Pfad Odenwald

Süßer die Glocken nie klingen

34 Carillon in Aschaffenburg

Wer zum ersten Mal um die Mittagszeit in Aschaffenburg ist, sollte sich auf eine Überraschung vorbereiten, denn wenn alle Kirchenglocken mit dem Zwölf-Uhr-Schlagen fertig sind, wird er um fünf Minuten nach 12 eine glockenhelle Melodie vernehmen, denn Aschaffenburg hat ein Carillon. Es befindet sich im Ostturm des Schlosses Johannisburg in 62 Meter Höhe. Wer hinaufschaut, kann zahlreiche Glocken in der Laterne des Turms erkennen. Ein Carillon ist nämlich ein spielbares Glockenspiel. Hier besteht es aus 48 Glocken, die zusammen 2,175 Tonnen wiegen. Ein „leichtes" Carillon also. Einige Meter darunter in der Turmhaube befindet sich der Spieltisch, an dem der Carillonneur mit seinen Fäusten und Füßen die Glocken zum Klingen bringt. Der Spieltisch ähnelt dem einer Orgel, doch statt Klaviertasten gibt es die sogenannten Stocktasten. Wenn eine solche Taste, die in der Tat wie ein kurzer Stock aussieht, mit einem kräftigen Faustschlag nach unten gedrückt wird, zieht sie an einem Draht, dessen anderes Ende hoch oben am Klöppel einer Glocke befestigt ist. Dieser wird gegen die Glocke gezogen und ein Ton erschallt. Es schwingen also nicht die Glocken selbst, sondern einzig die Klöppel bewegen sich.

TIPP

Das Schloss und sein Garten sind unbedingt eine Besichtigung wert.

Damit der Carillonneur nicht dreimal am Tag neun Stockwerke hoch zu seinem Arbeitsplatz steigen muss, hat man 36 Glocken über eine Computersteuerung verbunden. Die spielen nun täglich um fünf Minuten nach 9, 12 und 17 Uhr das kleine Konzert. Doch von Mai bis September werden die Glocken jeweils am ersten Sonntag des Monats um 16 Uhr von Glockenspielern aus aller Welt live gespielt. Dann kann man ihrem einmaligen Klang sogar eine Stunde lang lauschen. Der Jahreshöhepunkt ist das inzwischen traditionelle Carillonfest, bei dem Besucher im Rahmen einer Führung den Turm besteigen und dem Carillonneur bei seiner Arbeit zuschauen können. Anschließend schlendert man bei Glockenklängen glückselig über den gleichzeitig stattfindenden Kunsthandwerkermarkt und hält nach hübschen Dingen Ausschau.

● Carillon, Schloss Johannisburg, 63739 Aschaffenburg
www.kunstundcarillon.de
● ÖPNV: Bus, Haltestelle Stadthalle

Glück ist keine Dauerwurst

35 Erich-Kästner-Bibliothek in Oberschwarzach

„Pünktchen und Anton", „Emil und die Detektive", „Das fliegende Klassenzimmer" – jeder kennt Erich Kästners wunderbare Kinderbücher. Den großen Schriftsteller und Kinderfreund näher kennenlernen kann man in der Steinmühle in Oberschwarzach.

Gleich am Ende der Treppe zur Bibliothek heißen mich 2 Laternen, ein großer Reisekoffer und die Stühle von Erich Kästner und Luiselotte Enderle, seiner Lebensgefährtin, willkommen. Neben einem der vielen Bücherregale steht Kästners großer Ohrensessel. Ich mache es mir darin bequem und schmökere ein bisschen durch die fast 10.000 Bände seiner Bibliothek. An seinem Schreibpult male ich mir aus, ob hier wohl die Idee zu einem seiner Gedichte geboren wurde und betrachte die vielen persönlichen Bilder an der Wand. Dann wende ich mich seinem Schreibtisch zu. Er steht vor dem Fenster mit Blick ins Grüne und wirkt so, als hätte Kästner seinen Platz nur mal kurz verlassen. Die Brille liegt noch da, die Schreibmaschine wartet auf ein neues Blatt Papier, und das Kistchen mit der Zigarre für die schöpferischen Pausen steht in Griffnähe. Wie viele Bücher, Gedichte, politische Texte sind hier entstanden! Ich gehe weiter, denn noch viel mehr gibt es hier zu sehen, von Kästners Kleidungsstücken bis zu verschiedenen Ausgaben seiner Werke.

Man mag sich wohl fragen wie diese Schätze nach Oberschwarzach kommen. Die Bibliothek ist Teil eines Kinderdorfs, das sich Erich Kästner als Namenspatron ausgesucht hat. Kurz vor seinem Tod wurde es nach ihm benannt. Später vermachte Luiselotte Enderle das Inventar der Münchner Wohnung, in der der Autor von 1945 bis zu seinem Tod gelebt hatte und die gesamte Bibliothek dem Erich-Kästner-Kinderdorf „zur Pflege des Namens Erich Kästners und der geistigen und körperlichen Pflege der Kinder".

Kästner sagt: „Das Glück ist keine Dauerwurst, von der man täglich eine Scheibe herunterschneiden kann." Aber manchmal bekommt man eine Scheibe geschenkt, bei einem Besuch in der Steinmühle ganz bestimmt.

- Erich-Kästner-Bibliothek, Steinmühle, 97447 Oberschwarzach, Tel. (0 93 82) 69 54 www.erich-kaestner-kinderdorf.de, Besuch nach Voranmeldung
- ÖPNV: Buslinie 999, Haltestelle Oberschwarzach Feuerwehrhaus

Im Hundertwasser-Paradies

36 Weingut Hirn in Untereisenheim

Am Ortsende von Untereisenheim, eigentlich schon inmitten der Natur, steht ein Gebäude, das nicht zu übersehen ist. Eine goldene Kugel auf dem Dach leuchtet im Sonnenlicht als sei sie selbst ein Himmelskörper. Von dort wandert der Blick weiter über ein wundervolles Bauwerk, das sich mit seinen geschwungenen Linien organisch in die hügelige Landschaft schmiegt. Die Hauptfarben des Hauses, Ocker und Terrakotta, harmonieren perfekt mit dem Blau des Himmels und dem Grün der Umgebung. „Die Kunst muss wieder Brücke sein zwischen der Schöpfung, der Natur und der Kreativität des Menschen." Dieser Satz von Friedensreich Hundertwasser passt hier genau, denn schließlich hat er selbst das Weingut Hirn entworfen. Erbauen konnte er es allerdings leider nicht mehr, da er im Jahr 2000 verstarb. So setzte der von Hundertwasser autorisierte Architekt Heinz M. Springmann die Pläne in die Tat um. Entstanden ist ein architektonisches Kunstwerk, das wie ein Märchenschloss anmutet und an Geschichten aus Tausendundeiner Nacht oder Spielzeughäuser der Kindheit erinnert. Der in den Garten führende Torbogen mit der Aufschrift „Weinparadies" ruht auf hundertwassertypischen bunten Keramiksäulen, die sich auf dem Hof und am Haus fortsetzen. Vom Tor aus hat man einen schönen Blick auf die außergewöhnliche Fassade, in die Weinflaschen und Bocksbeutel eingemauert sind. Wer das Quaken der Frösche im Teich und die beruhigende Umgebung genießen will, nimmt am besten hier Platz. Während der Häckerwirtschaftszeiten bekommt man auf dem Weingut an Wochenenden oder Feiertagen im Frühjahr, Frühsommer und Herbst leckere Gerichte serviert und kann den viel prämierten Wein aus ökologischem Anbau verkosten. Weintechniker und Kellermeister Matthias Hirn baut Weißweine in Edelstahlfässern aus. Die Rotweine dürfen im Holzfass, die besonders guten sogar im Barrique reifen. Das alles kann in der Vinothek des einzigartigen Weinparadieses das ganze Jahr über probiert und erworben werden. Glücksmomente sind inklusive.

TIPP
Viel Wissenswertes vermittelt der Silvaner Erlebniswanderweg Untereisenheim.

- Weingut Hirn – Im Weinparadies, Dipbacher Straße 8, 97247 Untereisenheim, Tel. (0 93 86) 3 88, www.weingut-hirn.de
- ÖPNV: Buslinie 445, 8110, Haltestelle Untereisenheim Dipbacher Straße

Duftende Welt der Rosen

37 Der Rosengarten in Kirchschönbach

„Ich liebe die Rose als das Vollkommenste, was unsere deutsche Natur als Blume gewähren kann", sagte schon Goethe, und bis heute gilt die Rose als Königin der Blumen. Wer Rosen liebt, sollte sich auf den Weg nach Kirchschönbach machen. Denn dort wartet am Ende des Ortes ein kleines Rosenparadies. Im Rosengarten Kirchschönbach fühlt man sich durch die üppige Blumenfülle wirklich eher wie in einem verwunschenen Garten als in einem Geschäft. Gleich am Eingang stehen geschmackvoll mit Lupinen dekorierte Tischchen, wie Empfangschefs in sanftfarbenen Uniformen wirken die hohen Blumen. Doch dann lenken sofort Rosen in allen nur vorstellbaren Varianten die Aufmerksamkeit auf sich. Rosenbäumchen schmücken eine romantische Metallbank, ein kleiner Pavillon und andere lauschige Plätzchen warten darauf, dass die Kunden hier ein bisschen verweilen und den Blick auf die Rosenpracht genießen. Weiter hinten im Garten fasziniert ein Baum, der bis obenhin mit einer Ramblerrose bewachsen ist. In nunmehr 25 Jahren ist sie inzwischen bis an die Spitze des Baumes geklettert und bietet einen einmaligen Anblick. Gleich daneben stehen in langen Reihen die Töpfe mit Markenrosen aller Sorten, von historisch bis modern, von bewährt bis neu gezüchtet, von edel bis wild, von pastellfarbig bis kräftig bunt. Man kann sich gar nicht sattsehen an den tollen Farben und vielen unterschiedlichen Blütenformen. Auch die Nase wird verwöhnt, und das Schlendern durch die duftenden Rosenreihen zu einem sinnlichen Erlebnis. Wen angesichts von so viel Schönheit Wehmut überfällt, weil er keinen Platz für eine echte Rose hat, der sollte einen Blick in die kleinen Verkaufspavillons werfen. Denn hier findet man alles, was irgendwie mit Rosen zu tun hat: Büsten und Gefäße aus englischem Steinguss, nostalgische Gartenlauben, stilvolle Accessoires, Rankgerüste, original Lauschaer Rosenkugeln und nicht zuletzt Rosendüfte in allen Formen. Blumiges Glück für leidenschaftliche Rosenfans und solche, die es werden wollen.

TIPP
Nicht vergessen, einen Abstecher nach Prichsenstadt zu machen.

- Der Rosengarten, Bergweg 3, 97357 Prichsenstadt, OT Kirchschönbach, Tel. (0 93 83) 23 46, www.rosengarten-kirchschoenbach.de
- ÖPNV: Buslinie 999, 8217, Haltestelle Kirchschönbach Schulbus-Hst.

Würz dich glücklich

38 Gewürzglück in Wiesenbronn

Schade, dass es keine Duftbücher gibt! Dann könnte man nämlich die geschmackvollen kleinen Blechdosen mit den bunten Banderolen vom Foto nebenan aufmachen. Eine jede würde ihr besonderes Aroma verströmen und über die Nase im Gehirn ein Bild von köstlichen Gerichten erzeugen. Wenn man dazu noch die originellen Namen der Gewürzmischungen liest, schlägt die Fantasie Purzelbäume: Da gibt es den „Heißen Italiener", der ganz Italien in die heimische Küche bringt, den „Teufelskerl", dessen Schärfe einen ganzen Kerl fordert, die „Super Oma", die den traditionellen Gerichten neuen Pfiff gibt, das „Mädchengewürz", das mit den enthaltenen Rosenblättern Farbe ins Essen bringt oder auch die „Zuckerschnute", das Tüpfelchen auf allen Süßspeisen.
Zu verdanken haben wir diese Glücksgewürzkompositionen dem jungen Unternehmerpaar Sabrin und Tobias Neubauer, die als Unternehmensberater nicht nur theoretisch arbeiten, sondern auch Erfahrungswissen weitergeben wollten. Dass es etwas mit Kochen zu tun hat, verwundert nicht, denn Tobias ist als Sohn eines Gastronomiebetriebes aufgewachsen. Ihm selbst war die Menge an Gewürzen, die man meinte in der Küche haben zu müssen, jedoch viel zu viel. Deshalb wollte er sie zu Gewürzmischungen zusammenfassen und damit das Kochen vereinfachen, gleichzeitig auch „das Essen in die erste Liga katapultieren". So wurde die heimatliche Restaurantküche an den Ruhetagen zum Gewürzlabor. Hier wurden Zusammenstellungen erprobt, getestet, verworfen, ergänzt, bis die perfekten Würzmischungen abgefüllt werden konnten. Daraus ist inzwischen eine eigene erfolgreiche Firma geworden, die nach wie vor von Hand arbeitet und ihre Produkte in vielen Geschäften anbietet. Am besten jedoch besucht man die „Freude am Genuss GmbH" an ihrem Standort in Wiesenbronn, denn das Restaurant des elterlichen Hotels „Schwarzer Adler" bietet gewürzglückhaltige Gerichte an und vertreibt die entsprechenden Kreationen. Rezepte zum Glücklichwürzen findet man auf der Homepage von Gewürzglück.

- Freude am Genuss, Hauptstraße 21, 97355 Wiesenbronn, Tel. (09 31) 32 09 52 37 www.gewuerz-glueck.com
- ÖPNV: Buslinie 8111, Haltestelle Seegarten

GEWÜRZ GLÜCK
FÜR GEMÜSE, FISCH & FLEISC
GRILLEN MACHT GLÜCKLICH
FINDE WEITERE REZEPTE ONLINE

Ein Wochenende im Glück

39 Das Seehotel in Niedernberg

Ein ganzes Wochenende lang chillen, genießen, entspannen. Sich verwöhnen lassen mit gutem Essen oder einer wohltuenden Massage, die Wärme einer Sauna spüren oder das Bad in einem See, mit einem kühlen Drink am Strand in der Sonne liegen oder den Abend in der Bar mit einem Sundowner begrüßen. Wer wäre da nicht glücklich? Das Seehotel Niedernberg ist ein Ort, an dem dies alles möglich ist und noch viel mehr. Also perfekt für erholsame Wellnesstage.

Das Seehotel ist kein gewöhnliches Hotel. Es ist ein ganzes Dorf am Niedernberger See, das sich um einen Teich direkt am See schmiegt. Und wie es sich für ein richtiges Dorf gehört, befindet sich im Zentrum ein idyllischer Dorfplatz mit einem knallroten Torturm an der schmalsten Stelle. An den Längsseiten wird der Platz eingefasst von Fachwerkhäusern, einem kleinen Weinladen, der Hotelrezeption und einer Bar. Sitzbänke laden zum Verweilen ein, sogar ein typisch bayerischer Maibaum ist hier aufgestellt.

Das Restaurant des Seehotels ist nach der Seeseite hin ausgerichtet und wenn das Wetter es zulässt, wird das Essen auf der Terrasse direkt am Teich serviert. Dort kann man die Ruhe am Wasser genießen und blickt auf die Wellnessoase, die schon auf einen Besuch wartet. Verschiedene Saunen, Innen- und Außenpool, ein Beauty Bereich und ein „Ruhewohnzimmer" bieten zahlreiche Möglichkeiten, einen genussvollen Tag zu verbringen. Wer etwas mehr Bewegung braucht und sich sportlich betätigen will, beteiligt sich an der Aquagymnastik oder powert sich in der Fitnesshütte richtig aus. Auch eine Runde schwimmen im See tut gut. Wer es lieber trocken hat, spaziert oder joggt eine Runde um den See. Das macht dann wieder Appetit auf ein leckeres Essen im Restaurant.

Wem das Chillen in der Natur doch mal langweilig wird, dem sei ein Ausflug ins nahe gelegene Aschaffenburg oder in die romantische Altstadt von Miltenberg empfohlen. Nach so einem rundum stressfreien Wochenende wird man sich lange an die behaglichen Tage im Seehotel erinnern.

- Seehotel GmbH & Co. KG, Leerweg, 63843 Niedernberg, Tel. (0 60 28) 9 99-0 www.seehotel-niedernberg.de
- ÖPNV: Buslinie 56, 60, Haltestelle Waldweg, Niedernberg

Wein so weit das Auge reicht

40 Aussichtspunkt Kreuzberg bei Nordheim

Wandert oder radelt man von Nordheim kommend stetig bergan, wird man von unzähligen Rebstöcken begleitet. In Reih und Glied wachsen sie der Sonne entgegen. Manchmal trifft man auf eine Busch- oder Baumgruppe, und immer wieder begegnet man Rosenstöcken am Beginn einer Rebreihe. Sie sind willkommene Farbtupfer im Grün der Weinpflanzen und betören den Wanderer mit ihrem Duft. Dabei haben die Rosen auch einen sehr praktischen Nutzen. In früheren Zeiten waren sie eine Art Frühwarnsystem für den Mehltau, denn der befiel zuerst die Rose, bevor er auf den Wein übergriff. Heute sind die Rosenstöcke eine Augenweide und ein besonders schöner Wohnort für diverse Nützlinge.

Weiter geht es hinauf zum höchsten Punkt des Kreuzbergs und damit zum gleichzeitig höchsten Punkt der Weininsel. Ein großes steinernes Kreuz und ein ausladender Rosenstrauch stehen am Fuß des Aussichtshügels. Über ein paar Stufen steigt man hinauf zur Plattform, die von drei Bäumen gekrönt und von großen Steinquadern umgeben ist. Von hier oben scheint die Welt nur aus Weinbergen zu bestehen. Nur in der Ferne ist ab und an ein Ort zu erblicken, eine Burg oder eine Kirche. Damit man bei der grandiosen Aussicht nicht den Überblick verliert und weiß, was man sieht, geben Infotafeln in alle vier Himmelsrichtungen Auskunft. Nicht nur sichtbare und unsichtbare, im Tal liegende Orte werden benannt, sondern auch die verschiedenen Weinlagen. Das ist besonders wichtig, denn hier auf dem Kreuzberg treffen sie alle zusammen, die großen Weinlagen von Nordheim, Kreuzberg und Vögelein, und die Sommeracher Rosenberg, Katzenkopf und Engelsberg, dazu noch der Hallburger Schlossberg. Sie bilden die größten zusammenhängenden Weinberge Unterfrankens. Am besten man nimmt eine Flasche von hier angebautem Wein mit hinauf und genießt bei einem guten Tropfen die grandiose Aussicht mit allen Sinnen. Nach der Wanderung oder Radtour wartet ein wohlschmeckender Schoppen in den Vinotheken der beiden Inselorte Nordheim und Sommerach.

TIPP
Ein Stück weiter auf dem Kreuzberg kommt man zum Aussichtsturm von Sommerach. Auch schön!

- Aussichtspunkt Kreuzberg, 97334 Nordheim am Main
- ÖPNV: Buslinie 8110, Haltestelle Am Altenberg

Flechtkunstwerke

41 Korbflechterei in Sand am Main

Ein schmaler, gepflasterter Weg führt hinab in die Mainaue. Gesäumt ist der Weg von Weiden, die mit ihren Ruten ans Auto schlagen. Hier wächst das Rohmaterial, das Stefan Rippstein für seinen Beruf benötigt. Wenn man auf den Hof des abgeschieden, aber idyllisch gelegenen Hauses kommt, bemerkt man sofort, dass hier ein Korbmacher wohnt und arbeitet. Geflochtene Scheunentüren sieht man nicht alle Tage. Auch die Flechtobjekte überall auf dem Gelände, verraten das Handwerk. In der Werkstatt treffe ich den einzigen Korbmachermeister in Sand, der seinem Handwerk noch hauptberuflich nachgeht. Obwohl er aus einer Korbflechterfamilie stammt, sich also bei Großvater und Vater einiges abschauen konnte, entschied er sich für die Ausbildung an der Berufsfachschule für Flechtwerkgestaltung in Lichtenfels, die einzige Schule ihrer Art in Deutschland.

Rippstein arbeitet gerade am Boden eines großen Korbes. Die Weidenruten dafür sind fingerdick und man sieht ihm an, dass das Flechten zwar ordentlich Kraft erfordert, aber auch Freude bereitet. Maschinen entdeckt man in seiner Werkstatt nirgends. Denn außer seinen geschickten Händen braucht der Meister nur wenige Werkzeuge. Was sich aus Weiden alles herstellen lässt, zeigt die Verkaufsausstellung auf der Werkstatt-Galerie. Das Angebot reicht vom Liegestuhl, über die Babywiege bis zum Teppichklopfer, und es gibt natürlich verschiedenste Körbe. Dass das Flechten nicht nur Handwerk ist, sondern auch künstlerisches Gefühl verlangt, zeigen das komplizierte Flechtwerk der Geländer im Haus und die Dekoartikel, die immer mehr gefragt werden. Verkauft werden die Produkte hier in der Werkstatt, aber auch auf Märkten im Umkreis, denn Rippstein möchte regional bleiben. Darüber hinaus setzt er Ideen seiner Kunden in Korb um und repariert in die Jahre gekommene Korbwaren.

Wer anspruchsvolle Handwerksarbeit, natürliche Materialien und Kreativität zu schätzen weiß, sollte Stefan Rippstein in seiner Werkstatt besuchen. Sein Glück ist ansteckend!

- Korbflechterei Stefan Rippstein, Limbacher Straße 2, 97522 Sand am Main, Tel. (0 95 24) 30 29 77
- ÖPNV: Buslinie 952, 1154, Haltestelle Limbacher Straße

Hutzelglück im Steigerwald

42

Der Hutzelhof in Fatschenbrunn

Das kleine Dorf Fatschenbrunn kuschelt sich zwischen die sanften Höhen des Steigerwalds und ist von Baumfeldern umgeben. So konnte das Land doppelt bewirtschaftet werden. Auf die Getreide- folgte die Obsternte, die hier meist aus Birnen bestand. Sie wurden getrocknet und als sogenannte Hutzeln auf Märkten angeboten. Als Schiffsproviant gelangten die Dörrbirnen bis nach Holland. Vor allem aber waren sie ein wichtiger Rohstoff für die Lebkuchenindustrie. Als dieser Markt einbrach, wurden die meisten Dörröfen im Ort stillgelegt. Doch die über 300 Jahre alten Birnenbäume stehen immer noch rund um Fatschenbrunn. Franz Hümmer erhält auf seinem Hutzelhof die Tradition des Därrens lebendig und sorgt dafür, dass weder die über 30 Birnensorten noch die Hutzeln verschwinden. Auf seine Initiative hin wurde 2018 die Baumfelderwirtschaft und die Dörrobstherstellung in Fatschenbrunn zum immateriellen Kulturerbe der UNESCO erklärt.

TIPP

Auf dem europäischen Kulturweg lernt man die Besonderheiten der Baumfelderwirtschaft besonders gut kennen.

Bei einem Besuch erklärt Franz Hümmer, wie aus Birnen Hutzeln entstehen. Dazu werden die Birnen mit Stumpf und Stiel in der Holzofendärre vier bis sieben Tage lang getrocknet. Immer wieder legt er Holz nach und verschiebt die „Därrhärrli", die Gitter auf denen die Birnen liegen, von unten nach oben, um die unterschiedlichen Temperaturen optimal zu nutzen. Der intensive Geschmack und die gesunden Eigenschaften der Birne bleiben so erhalten.

War die Hutzel früher eher ein wichtiger Ernährungsbestandteil oder Notvorrat, wird sie inzwischen als ganz besondere fränkische Delikatesse geschätzt. Hutzelbrot ist als traditionelles Weihnachtsgebäck begehrt, auch im Hutzelbraten oder einer Gansfüllung ist die Trockenbirne gut aufgehoben, genauso wie in Müsli, Desserts, Pesto oder Hutzellikör und -schnaps. Gerne zeigt Franz Hümmer Gästen die Holzofendärre und bietet seine Erzeugnisse im eigenen Hofladen an. Ein Glück, dass es Menschen gibt, die sich für die Erhaltung wertvoller Kulturlandschaften und -techniken einsetzen.

- Hutzelhof Franz Hümmer, Rieneckstraße 7, 97514 Fatschenbrunn, Tel. (0 95 29) 3 73, www.hutzeln.net
- ÖPNV: Buslinie 1153, 1154, Haltestelle Fatschenbrunn Kirche, Oberaurach

Dorfleben in Bronze

43 Der Jungbrunnen in Eßfeld

Eine Frau windet am Trog Wäsche aus und beobachtet dabei Kinder, die am Wasser spielen. Ein Hund pinkelt genussvoll ins Wasserbecken, und ein am Boden sitzendes Baby scheint die Wäscherin darauf hinweisen zu wollen. Ein Huhn auf dem Wasserhahn blickt sehnsüchtig auf das Wasserbecken. Ob es wohl ein Bad nehmen soll? Schnatternd eilen Gänse auf den Brunnen zu, und ein Stückchen entfernt versucht ein Junge, Wasser aus dem Teich zu schöpfen und wird dabei von seiner Schwester festgehalten. Eine Dorfidylle, wie es sie heute wahrscheinlich nur noch in Form von solchen Bronzefiguren gibt, die den Brunnen von Eßfeld zu einem besonderen Ort machen. Dass dieser „Jungbrunnen" ein echter Glücksort ist, belegt schon seine Entstehungsgeschichte:

In den 1990er-Jahren mietete der Künstler Kurt Ewald von der Gemeinde das alte Wasserhaus als Atelier für seine bildhauerische Tätigkeit. Dafür und zur Präsentation seiner Kunstwerke wollte er am Teich vor dem Wasserhaus einen Brunnen gestalten. Er sollte eine Dorfszene zur Zeit der Entstehung des Wasserhauses um 1910 darstellen. Ewald übernahm die Gestaltung der menschlichen Figuren, aber die Tiere wollte er nicht selbst machen. Für diese Arbeit gewann er die Künstlerin Uschi Maurer, die er schon lange Jahre kannte. Gemeinsam arbeiteten sie an dem Brunnen und durch die künstlerische Zusammenarbeit kamen sie sich auch menschlich näher, und als der Brunnen fertig war, hatten die beiden geheiratet und lebten 15 Jahre glücklich zusammen, bis 2016 Kurt Ewald leider verstarb.

Der Platz mit dem Brunnen des Künstlerpaares hat sich indessen zu einem beliebten Mehrgenerationentreff entwickelt. Ob zum Spielen, Abhängen oder Plaudern – Jung und Alt verweilen gern im Schatten der großen Bäume. Manch ein Spaziergänger oder Radfahrer erfrischt sich im Teich vor dem Wasserhaus, das als Kneippbecken genutzt wird. In über hundert Jahren hat sich das Dorfleben natürlich verändert. Doch der Platz am Wasserhaus ist auch heute noch ein Ort der Begegnung.

● Jungbrunnen, Weiherweg, 97232 Giebelstadt-Eßfeld
www.essfeld.de
● ÖPNV: Buslinie 421, 422, Haltestelle Eßfeld Umspannwerk/B19, Giebelstadt

Klosterglück

44 Anselm Grün in der Abtei Münsterschwarzach

„Glück heißt, dass ich bei mir bin", erkannte der im deutschsprachigen Raum erfolgreichste Autor spiritueller Bücher Pater Anselm Grün. Er lebt in der Abtei Münsterschwarzach, einem Kloster mit einer mächtigen Kirche, die schon von Weitem zu sehen ist. Die vier quadratischen Türme überragen den Ort und laden ein, sich das Kloster näher anzusehen. Beeindruckend wirkt das Münster beim Näherkommen. Die rohen kaum behauenen Steine, die geraden geometrischen Formen, die nur durch die Rundbögen des Eingangs und der Rosette darüber unterbrochen werden, lassen an eine romanische Kirche des frühen Mittelalters denken, dabei wurde sie erst in den 30er-Jahren des 20. Jahrhunderts erbaut. In ihrem Innern wird die Kirche geprägt von der Symmetrie der ruhigen und beschützend wirkenden Architektur und bietet Gelegenheit zur stillen Einkehr und Meditation. „Wo kann man besser bei sich sein, als in einer Umgebung, die dazu auffordert, still zu werden und zu sich zu kommen?", fragt Pater Anselm Grün, der in dieser Kirche häufig betet.

Das Münster ist der geistliche Mittelpunkt des Benediktinerklosters, in dem über 100 Mönche getreu den Regeln des Benedikt von Nursia „Bete und arbeite" leben. Was sie in der Goldschmiede, der Gärtnerei, der Bäckerei und der Metzgerei herstellen, kann vor Ort erworben werden. Selbstverständlich gibt es auch eine große Buchhandlung, in der vor allem die Schriften von Anselm Grün, der im Kloster auch seinen eigenen Verlag hat, angeboten werden. Sage und schreibe über 14 Millionen Bücher hat er bisher verkauft. Dennoch gab er sein Mönchsleben nicht auf, sondern ist der Gemeinschaft treu geblieben. Seine Vorträge und Kurse, aber auch andere Veranstaltungsangebote sind so gut besucht, dass ein eigenes Gästehaus gebaut wurde. Die Aufnahme von Gästen und Besuchern hat eine lange Tradition, denn „Überall, wo wirklich Leben ist, ist auch eine Spur von Glück."

TIPP

Nicht weit vom Kloster entfernt kann man bei Art of Chocolate Süßes in Hülle und Fülle genießen.

- Abtei Münsterschwarzach, Schweinfurter Str. 40, 97359 Münsterschwarzach www.abtei-muensterschwarzach.de
- ÖPNV: Buslinie 8110, 8115, 8108, 9308, Haltestelle Münsterschwarzach Abtei

Radelnd ins Fahrradparadies

45 Deutsches Fahrradmuseum in Bad Brückenau

In Unterfranken wird viel Rad gefahren, egal ob am Main entlang oder in den Bergen der Rhön. Deshalb passt ein Fahrradmuseum besonders gut hierher. Wenn es dann noch so umfassend bestückt und anschaulich aufbereitet ist, ist es eigentlich ein Muss für jede(n) Radler*in ihm einen Besuch abzustatten, egal ob noch aktiv in die Pedale tretend oder auf Roller und Dreirad in Kindertage zurückblickend.
Enttäuscht wird der Besucher sicher nicht, denn hier kann er die Fahrradgeschichte hautnah miterleben. Alles begann mit dem Laufrad, 1817 erfunden von Karl Friedrich Drais. Nur drei Jahre später wurde die Laufmaschine gebaut, die hier als ältestes Exemplar der Sammlung zu sehen ist. Wie gefährlich die kuriosen Hochräder waren, zeigt ein Wandfries über den entsprechenden Exemplaren. Hier wird als Bildergeschichte gezeigt, wie nach einem mühsamen Aufstieg auf den hohen Sattel die Fahrt durch einen im Weg liegenden Stein rapide und unangenehm beendet wird. Wer sein Fahrrad besonders wertschätzte, benutzte vor gut 100 Jahren einen geflochtenen Weidenkorb, um sein Gefährt sicher mit Bahn, Kutsche oder Schiff zu transportieren. Der Korb wurde seitlich geöffnet, sodass das Rad bequem hineingestellt werden konnte. Am Zielort wurde das gute Stück unversehrt in Betrieb genommen.
Viele außergewöhnliche Konstruktionen zeigen, wie erfinderisch Menschen waren, wenn es um die Fortbewegung ging. Ein Fahrrad aus Bambus um 1904 sieht sehr schick aus. Nach dem Krieg baute jemand ein Fahrrad aus Flugzeugteilen, das sehr stabil zu sein scheint. Als es keine Gummireifen gab, bestückte man die Felgen mit Metallfedern. Es gibt so viel zu bestaunen! Kinderfahrzeuge, Rennräder, Militärräder, Fahrradzubehör, Reklame, einfach alles was mit dem Rad zu tun hat. Besonders hübsch ist eine Museumswerkstatt mit Originalmöbeln aus den 30er-Jahren, Rädern und Zubehör. Sollte ein Velo auf dem Weg zum Museum also einen Schaden erleiden, kein Problem! Hier gibt es fachkundige Beratung vom Museumsleiter höchstpersönlich.

- Deutsches Fahrradmuseum, Heinrich-von-Bibra-Straße 24, 97769 Bad Brückenau, Tel. (0 97 41) 93 28 55, www.deutsches-fahrradmuseum.de
- ÖPNV: Buslinie 8056, 8113, 8054, Haltestelle Vital Spa

Tretkurbelrad
Hersteller unbekannt , vermutl. Frankreich, ca. 1868
Etwa Mitte der 1860er Jahre kam man in Frankreich auf die Idee, an das Vorderrad einer Laufmaschine Kurbeln anzubringen und den Antrieb des Fahrzeuges damit zu erleichtern. Gebremst wurde durch Drehen der Lenkstange. Das Rad besitzt Holzspeichenräder mit Eisenbereifung. Der Stahlrahmen ist elegant konisch geschmiedet, die Haken in Blattform vor dem Steuerkopf dienen als Fußauflagen beim Bergabfahren, der Kurbelantrieb hatte ja keinen Freilauf. In Frankreich wurden Tretkurbelräder „Velocipede“, in England „Boneshaker“ (Knochenschüttler) genannt.
Tretkurbelrad
Fa. Benon, Paris, Frankreich, ca. 1869
Großes Tretkurbelrad mit der Originalfassung (Bemalung); komplett bis auf die abgebrochenen Fußrasten, mit bronzenen Ölern (Verlustschmierung) und Eichelpedalen.
Die in Englisch „Boneshaker“ (Knochenschüttler) genannten Tretkurbelräder waren die ersten Fahrräder, bei denen man permanent die Füße vom Boden weg hatte. Durch drehen der Lenkstange wurde mittels eines einfachen Flaschenzuges die Bremskraft aufs Hinterrad übertragen.

Verbindung zum Meer

46 Frickenhäuser See bei Mellrichstadt

Dass der Frickenhäuser See eine Verbindung zum Meer haben muss, weiß man, weil immer wieder riesige Fische im See zu sehen sind. Einmal schoss ein Jäger auf einen solchen Fisch. Der Fisch tauchte unter, aber eine Schuppe, groß wie ein Zinnteller, blieb zurück und diente als Beweis. Eines Tages wird die Turmuhr in Bad Königshofen 300 Mal schlagen, heißt es. Dann werden die Riesenfische so wild toben, dass sie den Felsen, der den See zur Hälfte umschließt, zum Einsturz bringen. Der See wird auslaufen und ganz Franken überschwemmen.

Da dieses Ereignis noch auf sich warten lässt, nutzen die Menschen ihren einmaligen See zum Baden und zur Erholung. Er ist fast kreisrund, hat eine Fläche von 11.000 Quadratmetern, und an der tiefsten Stelle geht es 18 m hinunter. Aber Vorsicht, das Wasser ist sehr kalt! Ein kurzer Rundweg lädt zu einem gemütlichen Spaziergang ein. Am besten genießt man diese beschauliche Landschaft auf der Liegewiese. Wem es in der Sonne zu warm wird, der sucht sich einen Platz unter den hohen Bäumen und denkt vielleicht über die Entstehung dieses außergewöhnlichen Geotops nach. Vor vielen Millionen Jahren war Unterfranken von einem Meer bedeckt. Weil es sehr warm war, verdunstete das Wasser und ließ verschiedene Sedimente zurück. Unterirdische Wasserzuläufe weichten die Sedimente auf und irgendwann brach die Decke ein. Im Einsturztrichter bildete sich der See, der ausschließlich unterirdisch mit Wasser gespeist wird. Ob das wohl vom Meer kommt und die Riesenfische mitbringt?

TIPP

Den besten Blick auf den See hat man von den Anhöhen rundum. Also hinaufsteigen!

Trotz der legendären Riesenfische ist dieses landschaftliche Kleinod so beliebt, dass jedes Jahr am 3. Samstag im Juli ein großes Seefest stattfindet. Dicht an dicht sitzen die Menschen auf den Wiesen, erfreuen sich an der Wasserfontäne, die extra an diesem Tag den See verschönert und lauschen der Musik, die von der Seebühne her erklingt. Krönender Abschluss ist ein furioses Feuerwerk am Abend, das sich im See spiegelt und deshalb doppelt Freude macht.

- Frickenhäuser See, Seestraße 45, 97638 Mellrichstadt
- ÖPNV: Buslinie 8183, Haltestelle Frickenhausen, Mellrichstadt

Neue Wege wagen

47 Besinnungsweg in Rück

„Wichtige Werte in reizvoller Natur meditativ erleben!“ Mit diesen Worten beginnt die Homepage des Rück-Besinnungswegs, sie sagt damit im Grunde schon alles über seine Intention. Wandern, sich inspirieren lassen, nachdenken, entschleunigen und anschließend mit neuen Gedanken vielleicht etwas ruhiger in den Alltag zurückkehren. Auf diesem besonderen Wanderweg kann das gelingen. Der Ausgangspunkt ist die St. Pius Kirche in Rück-Schippach. Von hier aus führt der gut markierte Weg zunächst am Fluss entlang bis zum Kloster Himmelthal, wo man im lauschigen Garten noch mal eine größere Pause einlegen kann, bevor der Aufstieg in die Weinberge beginnt. Von dort geht es auch schon zurück, und nach insgesamt etwa sechs Kilometern ist man wieder am Ausgangspunkt.

TIPP

Weiterwandern kann man auf dem Rotweinwanderweg.

Das Außergewöhnliche an dem Weg sind jedoch sieben Stationen, die zum Nachdenken über wichtige Fragen und Werte unserer Zeit anregen wollen: Friede, Mut, Hoffnung, Gelassenheit, Achtsamkeit, Dankbarkeit und Gemeinschaft. Jede Station widmet sich einem Thema. Dieses erfährt man jeweils auf einer Infotafel mit einem passenden literarischen Text, die zudem den gesamten Wegverlauf anzeigt und den derzeitigen Standort markiert. Wer mehr lesen möchte, gelangt über einen QR-Code auf die Webseite, auf der Gedichte von Peter Spielmann zu den Stationen und weitere vertiefende Informationen zu finden sind. Die Initiatoren haben sieben heimische Künstler eingeladen, die Wertebegriffe durch ein Kunstwerk zu interpretieren. Diese Skulpturen sorgen für anregenden Gesprächsstoff, wenn man den Besinnungsweg nicht alleine geht. Bänke laden ein, bequem und in Muße seinen Gedanken nachzuhängen Eine Ausnahme macht die „Momme“ an der letzten Station, eine Skulptur, die früher schon auf dem Dorfplatz stand und im Rahmen des Besinnungswegs nun die Gemeinschaft veranschaulicht. Wer an ihrem erhobenen Zeigefinger reibt, soll ein „froher Vogel“ bleiben. Damit hat auch der unverzichtbare Humor seinen Platz zwischen den Werten gefunden.

- Ausgangspunkt: St. Pius Kirche, St. Piusstraße 27, 63820 Elsenfeld/Schippach
  www.rueck-besinnungsweg.de
- ÖPNV: Buslinie 64, Haltestelle Rück Friedhof

1
Friede
Willkommen!
Rück-Besinnungsweg

Die blaue Stunde am Brunnen

48 Am Marktplatz in Volkach

Volkach ist ein Städtchen, das es sich zwischen Mainschleife und Weingärten gemütlich gemacht hat. Besonders hübsch ist der zentrale Marktplatz mit dem anmutigen Rathaus aus dem Jahr 1544. Im Untergeschoss mit der breiten Toreinfahrt hat die Touristinformation in der ehemaligen Markthalle ihre Heimat gefunden. Rechts und links des Tors führen Außentreppen in die Beletage, wo man sich einst zu Bürgerfesten versammelte. Von hier bis in den zweiten Stock erstreckt sich ein sogenannter Verkünd-Erker, von dem die Stadtverwaltungen früher regen Gebrauch machten.

Das Zentrum des Marktplatzes bildet der Brunnen mit der Figur einer Maria Immaculata. Daneben steht ein Pferd auf kleinen Rädern, das über zwei kurze Gleisstücke rollt. Bei genauerem Hinsehen erkennt man, dass der einheimische Künstler Clemens Hegler sein Werk aus alten Fassreifen geschmiedet hat. Auf dem Sattel trägt das Tier die Stadt Volkach, wie man an den markanten Gebäuden unschwer erkennen kann. Umrahmt wird der Marktplatz von alten Bürgerhäusern, die zum Teil reich mit Fachwerk verziert sind. Von alters her ist er Treffpunkt der Stadt. Hier finden Märkte, Feste, Weinverkostungen und Konzerte statt.

Außergewöhnlich stimmungsvoll ist es aber an den Sommerabenden. Fast in jedem Haus am Platz befindet sich ein Restaurant oder eine Weinstube. Nach Feierabend treffen sich Einheimische und Gäste vor den Gasthäusern auf dem Marktplatz zu einem Schoppen Wein und einem Gespräch unter Freunden. Wenn die bereitgestellten Stühle nicht mehr ausreichen, stellt man sich mit seinem Glas an den Brunnen und genießt hier seinen „Brunnenschoppen". Das ist besonders angenehm, kann man sich doch an besonders heißen Tagen die Hände im Brunnenwasser kühlen. Es ist ein besonderes Erlebnis, auf diesem Platz die blaue Stunde zu genießen. Wenn alles ruhig wird und sich entspannt, blickt man zurück auf den Tag und freut sich auf den nächsten. Das ist das Glück der blauen Stunde!

TIPP

Unbedingt ansehen: Stadtpfarrkirche St. Bartholomäus mit ihrem 54 m hohen Doppelturm.

- Marktplatz, 97332 Volkach
- ÖPNV: Buslinie 8105, 8110, 8137, 9308, Haltestelle Bahnhof

GENIESSEREI
HOTEL

Fürstlich unterwegs

49 Abtei und Park in Amorbach

Schon im Jahr 734 gründete Abt Amor das Kloster in Amorbach und gab dem Ort seinen Namen. Im 18. Jahrhundert musste die mittelalterliche Kirche einem Neubau im Rokokostil weichen. Zur gleichen Zeit wurde die alte Abtei um drei Prunkräume erweitert. Der damalige Abt konnte so Macht und Reichtum demonstrieren. 1803 wurde im Rahmen der Säkularisation das Kloster aufgelöst, und die Abtei gelangte in den Besitz des Fürstenhauses zu Leiningen. Daran hat sich bis heute nichts geändert.

Inzwischen sind aus der Fürstlichen Residenz Räume für die Öffentlichkeit geworden. Dass die Abteikirche ein Musterexemplar des Rokokos ist, sieht man bei einem Besuch. Deckengemälde in geschwungenen Goldrahmen, ornamentaler Stuck, ein filigran geschmiedetes Chorschrankengitter und eine mit Goldornamenten über und über verzierte Kanzel beeindrucken den Betrachter. Besonders bedeutend ist die Barockorgel. Das größte Instrument, das die Werkstatt der Gebrüder Stumm jemals verlassen hat, erfreut auch heute noch die Besucher der Orgelkonzerte durch ihren prächtigen Klang. Zu empfehlen ist eine Führung durch die Prunkräume. Besonders beeindruckend ist die Bibliothek. Über dem Intarsienparkett in dreidimensionaler Optik erhebt sich die weiße Bibliothekseinrichtung, aufwendig geschnitzt im Zopf-Stil. Gekrönt wird das Ganze von einem farbigen Deckenfresko. Ein Raum, der durch seine Farbverteilung eine besondere Wirkung erzielt. Ermüdet von den vielen Eindrücken, bietet sich der gegenüberliegende Fürstliche Seegarten als Erholungsort an. Angelegt wurde er von Ludwig von Skell als englischer Landschaftsgarten. An der breitesten Stelle im Park ruht ein See. Auf einer Bank sitzend, genießt man den Blick auf das Wasser und sieht, wie ein Schwan gemächlich seine Runden zieht. Oder man schaut hinüber zum kleinen Fischerhaus und stellt sich vor, wie es wäre, in diesem hübsch eingerichteten Häuschen nach einer prächtigen Feier in den Prunkräumen der Abtei zu übernachten. Schön, dass das kein Traum bleiben muss.

TIPP

Auch St. Gangolf ist eine sehr schöne Kirche mit wunderbaren Deckengemälden.

- Fürstlich Leiningensche Verwaltung, Andreas Fürst zu Leiningen, Marktplatz 12, 63916 Amorbach, Tel. (0 93 73) 97 15 0, www.fuerst-leiningen.de
- ÖPNV: Buslinie 92, Haltestelle Am Löwen

Fastnacht in Franken

50

Fastnacht in Veitshöchheim

„Franken helau, Veitshöchheim helau!“ schallt es einmal im Jahr via TV durch Bayern und weit darüber hinaus. Dann sitzen die Faschingsfans mit fröhlichen Gesichtern und einem Gläschen Wein vor dem Fernseher und genießen glücklich, was Franken an Komik und Humor zu bieten hat. Die Liveübertragung der Prunksitzung in Veitshöchheim genießt Kultstatus. Ganz Glückliche haben eine der heiß begehrten Eintrittskarten ergattert und können das Spektakel live miterleben, was eine Glückssteigerung fast ins Unendliche bedeutet.

Einmal im Jahr, 11 Tage vor dem Faschingsdienstag, verwandelt sich der große Saal im Kongresszentrum „Mainfrankensäle“ in ein Theater des Frohsinns. Festlich geschmückt erwartet der bekannte Veranstaltungsort das närrische Volk. An diesem Abend ist sich niemand zum Verkleiden zu schade, nicht einmal die ranghöchsten Vertreter der Regierung samt Opposition oder der Kirche. Im Gegenteil, die Kostüme sind dermaßen ausgefeilt und aufwendig, dass ihre Träger und Trägerinnen so manches Mal nicht zu erkennen sind. Da muss man schon sehr überlegen, wer sich wohl hinter einem Joda oder einem täuschend echten Shrek verbirgt.

Ein Feuerwerk aus Musik, Tanz, Klamauk und Büttenreden hält die Menschen im Saal und an den Bildschirmen zu Hause dreieinhalb Stunden in Atem. Die Lachmuskeln werden extrem strapaziert, wenn Alltagssituationen launig übertrieben und zwischenmenschliche Probleme mit Witz gelöst werden, Bauchredner skurrile Gespräche mit ihren Puppen führen und schwungvolle Lieder zum Mitsingen und Mitklatschen einladen. Besonders beliebt und bei den vorgeführten Personen wahrscheinlich gefürchtet, ist die politische Satire. Auch anwesende Politiker werden ohne Pardon aufs Korn genommen. Dabei sind die Franken nicht gerade zimperlich in ihrer Kritik, und manch einer muss herbe Schelte einstecken. Doch im Karneval gelten andere Gesetze – über sich selbst und andere lachen können, das gehört quasi zu den Grundregeln für einen glücklichen Abend.

TIPP

Von Mai bis Oktober werden im Schloss und seinem berühmten Rokokogarten Führungen angeboten.

- Mainfrankensäle Veitshöchheim, Mainlände 1, 97209 Veitshöchheim, Tel. (09 31) 78 09 00-0, www.mainfrankensaele.de
- ÖPNV: Buslinie 11, 19, 610, Haltestelle Kirchplatz

Salamander & Buntsandstein

51 Seltenbachschlucht in Klingenberg

Diese Wanderung werden Geschichts-, Geologie- und vor allem Naturinteressierte lieben, die aber nicht stundenlang laufen mögen. Gerade mal eineinhalb Kilometer lang ist der Weg durch eines der 100 schönsten Geotope Bayerns. Er führt gemächlich bergan, überquert immer wieder den Bach, zweimal auch ohne Brücke über Steine oder Holz. Aber der Bach ist weder breit noch tief, also kein Problem. Schon am Eingang der Schlucht weist eine große Infotafel darauf hin, dass die Schlucht ein Lebensraum für den Feuersalamander ist. Tierfreunde werden sofort hellhörig, hoffen sie doch wenigstens ein Exemplar dieser selten gewordenen Art zu entdecken. Da die Tiere nachtaktiv sind, wird man wohl höchstens bei bedecktem Himmel in diesen Genuss kommen. Im Frühjahr laichen die Weibchen im Bach ab. Dazu müssen sie die Straße neben der Schlucht überqueren. Fleißige Helfer bringen die Weibchen des Nachts sicher hinüber. Überall in der Schlucht findet man dann Schilder mit der Bitte der Salamanderlarven, den Bach nicht zu betreten und das Wasser in Ruhe zu lassen. „Sonst haben wir keine Überlebenschance", machen sie uns klar. Man geht also leise und vorsichtig am Bach entlang, bleibt immer wieder stehen und schaut neugierig ins Wasser, ob sich vielleicht doch etwas rührt. Neben der Salamandersuche, die die ganze Aufmerksamkeit erfordert, bleibt leider kaum Zeit, auf die Schluchtlandschaft zu achten, die uns 250 Millionen Jahren Erdgeschichte präsentiert. Monsunregen und Flutwellen brachten Sand und Geröll in den Spessart, die sich nach und nach zu Buntsandstein verfestigten. Flüsse haben sich in den relativ weichen Sandstein eingeschnitten und die verschiedenfarbigen Schichten des Buntsandsteins freigelegt, die wir heute in dieser Schlucht bestaunen können.

Ein wunderschöner Spaziergang durch eine Landschaft mit schroffen Felsvorsprüngen, viel Grün und spannenden Lebewesen. Ein echter Glücksort, vor allem, wenn man endlich einen Feuersalamander oder wenigstens eine Larve erblickt!

TIPP

Nach der Wanderung schmeckt ein Glas Rotwein in der Rotweinstadt Klingenberg.

● Seltenbachschlucht, Schlucht, 63911 Klingenberg am Main
www.stadt-klingenberg.de
● ÖPNV: Buslinie 61, 67, 81, Haltestelle Marktplatz

Le Bonheur français

52

Das Café Macaron in Sommerhausen

Manchmal will das Glück gesucht werden. Dazu geht man in Sommerhausen am besten die Hauptstraße entlang bis ein kleines Schild den Weg zum „Café Macaron“ weist. Jetzt nur noch dem Pfeil folgen, und man steht vor einem Caféhaus, dessen Gebäude mit seiner Einrichtung so herrlich in den alten Ort passt, aber so gar nichts Fränkisches anbietet. Das Schild am Eingang zur Terrasse vor dem Haus verrät, wohin die Reise geht, denn es offeriert eine „Plat du jour“. Die beiden Caféhausbesitzer, Monika Zeugner und Lutz Wendeler, haben sich nämlich mit Herz und Seele dem Nachbarland Frankreich verschrieben. Zum Glück für unseren verwöhnten Gaumen wurde ein vegetarisches Dreigangmenü angeboten, das alle Erwartungen übertraf. Eingeleitet wurde es von einer scharf gewürzten Gazpacho aus Honigmelone, gefolgt von einem provencialischen Tomatenkuchen mit Salatbouquet, das mit vielen frischen Kräutern aromatisiert war. Und zum krönenden Abschluss genossen wir ein Erdbeer-Aprikosen-Sorbet vom Feinsten. Diesem kulinarischen Auftakt sollte unbedingt ein Hausbesuch folgen.

TIPP

Das Café beherbergt außerdem einen Malort nach Arno Stern.

Im Nu steht man in einem kleinen Laden, dessen zwei Vitrinen am Tresen mit den verschiedensten Köstlichkeiten aus Frankreich gefüllt sind und bei deren Anblick einem das Wasser im Mund zusammenläuft. Die eine präsentiert Tartes, süße und herzhafte, die man am liebsten alle sofort probieren möchte. Lutz Wendeler empfiehlt die Tarte au Citron: „Das ist unser Flaggschiff. Eine bessere Tarte gibt es nirgends.“ In der anderen Auslage leuchten die Macarons in den schönsten Farben. Linker Hand geht es ins Café, das ein ganz eigenes nostalgisch-rustikales Flair ausstrahlt. Steinböden, tiefe Wandnischen, zierliche Tische und Stühle, ein Büffetschrank sorgen für eine gemütliche Atmosphäre. An den Caféraum schließt sich ein winziger Garten an, in dem neben Kräutern und Blumen noch zwei Gästetische Platz gefunden haben. Ein Gefühl wie in einem französischen Landhaus! Die zum Abschluss bestellten Macarons machten unser Glück perfekt.

- Café Macaron, Mönchshof 10, 97286 Sommerhausen, Tel. (0 93 33) 9 04 20 70 www.malort-sommerhausen.de
- ÖPNV: Buslinie 555, 554, Haltestelle Kirchplatz

Die edelsten Trauben

53 Stein-Wein-Pfad in Würzburg

Wir starten beim Weingut am Stein, einem großartigen architektonischen Ensemble. Von hier aus führt der Weg durch die berühmteste Weinlage Würzburgs, eigentlich ganz Unterfrankens. Goethe konnte nicht genug von dem Stein-Wein bekommen: „Sende mir doch einige Würzburger, denn kein anderer Wein will mir schmecken, ich bin verdrüßlich, wenn mir mein gewohnt Lieblingstrank abgeht", bat er seine Gattin. Wir wandern also auf besonderem Boden. Um uns herum die begehrten Weinreben. Ab und an sagt ein Schild, dass dieser Abschnitt dem Juliusspital gehört oder dem Bürgerspital, denn diese beiden Würzburger Weinkeller teilen sich den größten Teil der Anbaufläche am Stein. Vor allem der fränkische Silvaner, aber auch Riesling und Grauburgunder reifen hier auf dem Wärme speichernden Muschelkalkboden. Links unten liegt Würzburg mit seinen Türmen, vom Hang gegenüber grüßt die Festung Marienberg, direkt darunter das grüne Gebäude des Fraunhofer Instituts von Zaha Hadid. Am Fuß des Hügels macht der Main einen großen Bogen. Von hier oben sieht er so schmal aus, dass man denkt, die beiden sich gerade begegnenden Schiffe müssten zusammenstoßen. Aber alles geht gut. Beim Schauen vergeht die Zeit, und schon sind wir beim Schlosshotel Steinburg angelangt, auf dessen edler Terrasse wir uns einen Schoppen gönnen. Danach geht es wieder zurück, etwas höher als vorher, fast am Waldrand entlang, der den Hügel krönt. An einem historischen Weinberg ist gut zu sehen, wie man vor langer Zeit den Wein an Holzpfosten zog. Plötzlich rauscht es, und ein gewaltiger Schwarm von Raben erhebt sich aus den Weinreben. Dazu drohende Gewitterwolken am Himmel – eine Stimmung wie in Hitchcocks „Vögel". Da werden unsere Schritte automatisch schneller und bald sind wir zurück am Literaturbalkon, einem terroir-f-Ort, wo vier berühmte Literaten von ihrer Beziehung zu Würzburg oder zum Wein erzählen. Ein kurzer Abstieg bringt uns wieder zum Weingut am Stein. Eine kurzweilige Wanderung mit vielen Informationen und Glücksmomenten.

TIPP

Ein Abendessen beim Sternekoch Reiser am Stein rundet den Tag ab.

- Ausgangspunkt der Wanderung: Mittlerer Steinbergweg 5, 97080 Würzburg www.wuerzburger-steinweinpfad.de
- ÖPNV: Buslinie 12, 13, 25, Straßenbahn 5, Haltestelle Bismarckstraße

WOLFGANG
GOETHE

Lieblingsplätze im Park

54 Schlosspark im Staatsbad Brückenau

Wen seine Kur nach Bad Brückenau führt, ist zu beneiden. Aber auch wer nur für ein paar Tage oder Stunden Entschleunigung und absolute Entspannung sucht, ist im Staatsbad Brückenau bestens aufgehoben. Das wusste bereits König Ludwig I. von Bayern, der 26 Mal im Fürstenhof logierte. Hier traf er auch seine Geliebte, die irische Tänzerin Lola Montez. Sie wohnte im Haus Löwe, das vom etwas höher gelegenen Fürstenhof gut einsehbar ist. Eine Laterne im Fenster diente dem König als Zeichen. Unzählige Liebesbriefe schrieb Ludwig unter der inzwischen fast abgestorbenen Ludwigseiche nahe am Fürstenhof.

Heute bietet der Schlosspark alles, was das Leben angenehm macht. Unterkunft findet man direkt im Park in zwei Hotels und zwei Villen. Weitere Übernachtungsangebote sind nicht weit entfernt. Wo einst Lola Montez nächtigte, ist heute ein lauschiger Biergarten, in dem man gut bewirtet wird. Ein Café im Zentrum des Parks lädt zu Kaffee und Kuchen ein. Man sitzt geschützt im Wandelgang oder romantisch unter den Bäumen der Kastanienallee. Gegenüber der Wandelhalle mit den Mineralquellen, befindet sich ein weiteres Hotel mit Restaurant und Café. Seinen Abschluss findet der großzügige Park am Bellevue, heute ein italienisches Restaurant. Es bildet das Gegenstück zum Fürstenhof und bietet von seiner Panoramaterrasse einen grandiosen Blick über den Park.

TIPP

Nahe am Schlosspark befinden sich ein Tiergehege und das Fahrradmuseum.

Auch wenn die attraktiven Restaurants im Park dank ihrer Lage und ihrer reichen Angebote einige Glücksmomente versprechen, so steht das Kurhaus mit Musik und Tanz in nichts nach. Wer jedoch Ruhe und Entspannung sucht, wird schnell fündig. Das Sonnenplateau am Flussufer lädt mit Liegestühlen zum Verweilen ein, Kneippbecken und Freiluftschach bieten Abwechslung und Entspannung. Ein kleiner Küchenkräutergarten und die vielen Bänke und Stühle zwischen den Kastanien und auf den Rasenflächen laden zum Ausruhen ein. Bereits ein kurzer Aufenthalt in dieser Umgebung führt zu Tiefenentspannung, und man kann glücklich in die Gegenwart zurückkehren.

- Bayerisches Staatsbad Bad Brückenau – Gäste-Information, Heinrich-von-Bibra-Straße 25, 97769 Bad Brückenau, Tel. (0 97 41) 8 02-0 www.staatsbad.de
- ÖPNV: Buslinie 8056, 8113, 8054, Haltestelle Vital Spa

„1/2 Meter Bratwurst“

55 Gasthaus Zum Stern

Ja, in Sulzfeld bestellt man die Bratwurst nicht nach Stückzahl, sondern nach Länge. Das war nicht immer so. Es gab Zeiten, da wurden die Bratwürste wie überall serviert. Allerdings scheinen sie besonders wohlschmeckend gewesen zu sein, denn eines Tages im Jahr 1953 verkündete ein Gast: „Die Wurscht könnt ich meterweis ess!“ Der damalige Gastwirt Lorenz Stark war zugleich Metzgermeister und konnte sofort reagieren. Nach kurzer Zeit kam er aus der Wurstküche mit einer meterlangen Wurst. Damit sie in die Pfanne passte, wurde sie zur Schnecke aufgerollt und knusprig goldbraun gebraten. Die erste „Meterbratwurst“ war geboren. Und dabei ist es geblieben. Man kommt nach Sulzfeld, um Bratwurst zu essen. Für nicht ganz so Hungrige gibt es einen halben Meter der begehrten Wurst. Andere wetteifern darum wer am meisten von der „Meterware“ vertilgen kann. Derzeit steht der Rekord bei stolzen 5,73 Metern. Beilagen inklusive. Angeblich überstand der Esser seine Mahlzeit ohne Schäden.

Aufgestellt wurde die Höchstleistung im Gasthaus Zum Stern. Das Fachwerkhaus mit dem schmiedeeisernen Wirtshausschild und der Madonnenstatue an der Wand befindet sich seit 1877 im Familienbesitz. Obwohl zahlreiche andere Gerichte angeboten werden, ist die Bratwurst mit einer eigenen Karte vertreten. Man isst sie in der gemütlichen Wirtsstube, im Sommer auch im lauschigen Gastgarten und genießt dazu Wein vom hauseigenen Weinberg. Förderlich für die Verdauung und überaus lohnenswert ist ein Spaziergang durch das Dorf. Im Zentrum imponiert das Rathaus, ein prunkvoller dreistöckiger Bau, der unter Fürstbischof Julius Echter erbaut wurde, mit einem prächtig verzierten Volutengiebel und zwei Renaissance-Eingangsportalen. Auch den Rundgang entlang der Stadtmauer mit ihren 21 Türmen sollte man sich nicht entgehen lassen. Vielleicht hat man danach wieder Hunger oder zumindest Lust auf einen Schoppen Sulzfelder Cyriakusberg oder Maustal, der den genussvollen Besuch in Sulzfeld abrundet.

TIPP

Ein beschilderter und von Harald Schmaußer bebilderter Rebsortenweg führt durch das Anbaugebiet der berühmten Sulzfelder Rebsorte Maustal.

- Gasthaus Zum Stern, Peuntgasse 5, 97320 Sulzfeld am Main, Tel. (0 93 21) 1 33 50
  www.stern-sulzfeld.de
- ÖPNV: Buslinie 8112, Haltestelle Kitzinger Straße

Zum Stern

Baden in Kunst

56 Kunsthalle Schweinfurt

Es begann damit, dass der Industrielle Ernst Sachs (1867–1932) der Stadt anlässlich seines 60. Geburtstages ein Hallenbad schenkte. 1933 wurde es zum ersten Mal eröffnet und nach der Zerstörung im Krieg wieder aufgebaut. Bis 2004 planschten die Schweinfurter in ihrem Bad. Da beschloss man, nicht mehr im Wasser, sondern in Kunst zu baden. Das war das Motto einer Sammlung für Kunst nach 1945 in Deutschland. Den Auftakt machte 2009 die Ausstellung der Kunstsammlung des Fotografen, Filmemachers und Playboys Gunter Sachs, Enkel von Ernst Sachs.

Zum zehnjährigen Bestehen wurde die Dauerausstellung überarbeitet. Im Erdgeschoss schließen Bilder vom Beginn des 20. Jahrhunderts, zum Beispiel von Otto Modersohn, die Lücke zwischen der Ausstellung im Georg Schäfer Museum und den Themen der Kunsthalle. Weitere Räume befassen sich mit der Nachkriegskunst bis in die 60er-Jahre. Zu sehen sind die abstrakten Werke des Informel, Bilder der „Jungen Wilden“ und verschiedener Künstlergruppen wie ZEN 94, vertreten durch Rupprecht Geiger. Auch die Schenkung van de Loo (überwiegend Münchener Künstler) und Skulpturen zeitgenössischer Bildhauer der bayerischen Akademien und weitere Themenbereiche sorgen für ausgiebigen Kunstgenuss. So zeigt das Untergeschoss mit „Mensch und Gesellschaft“ politisch motivierte Kunst aus Ost- und Westdeutschland und widmet sich der Neuzeit. „Architektur und Landschaft“ ist ein weiterer Schwerpunkt, der durch herausragende Werke repräsentiert wird.

Schon 1930 stellte man fest, das Ernst-Sachs-Bad sähe nicht wie ein Hallenschwimmbad aus, sondern wie eine Festhalle, in der Kunstausstellungen stattfinden könnten. Ob der Architekt damals schon geahnt hat, was aus seinem Bauwerk wird? Es ist ein idealer Platz für Kunst. Hohe Räume, angenehm beleuchtet, weiße Wände, ein dunkler Steinfußboden, in dem sich die Werke spiegeln, eine großzügige Hängung. Ein Kunstgenuss für alle, die sich für moderne Kunst „Made in Germany“ mit Schwerpunkt Franken interessieren.

TIPP
Wegen der Chronologie zuerst das Museum Schäfer besuchen.

- Kunsthalle Schweinfurt, Rüfferstraße 4, 97421 Schweinfurt, Tel. (0 97 21) 51-47 21 (Kasse), www.kunsthalle-schweinfurt.de
- ÖPNV: Buslinie 11, 21, 22, 24, 25, 91, 8135, Haltestelle Kunsthalle

Wandern mit Alpakas

57

Grabfeld Alpakas in Trappstadt

Gestiefelt und gespornt, oder genauer gehalftert, warten die sieben Grabfeld-Alpakadamen auf ihre Begleiter. Die sitzen aber noch in der „Lounge" und lauschen aufmerksam dem Chef Michael Hippold, der sie auf ihren Spaziergang vorbereitet. Sie erfahren, dass die Alpakas zu den Kameliden gehören und in den Anden beheimatet sind, bei uns aber auch gut leben können. Die Haltung der Tiere ist recht problemlos. Mit einer Weide, einem Stall, Gras, Heu und Wasser sind die Alpakas zufrieden. So beschlossen 2010 vier Herren aus Trappstadt, sich zwei trächtige Stuten zu kaufen, um Alpakas, vornehmlich wegen der Wolle, zu züchten. Die gesponnene Wolle, daraus gestrickte Socken, Bettdecken, Kissen und Einlegesohlen werden ab Hof verkauft. Inzwischen ist die Herde auf 13 Tiere angewachsen. Dabei leben die Alpakas streng nach Geschlechtern getrennt, um unerwünschten Nachwuchs zu vermeiden. Einmal im Jahr werden die Tiere geschoren, dann herrscht Hochbetrieb im Stall. Den Rest des Jahres bleibt genügend Zeit, um Spaziergänge mit den Alpakas anzubieten. Nachdem die Zuhörer auch noch erfahren haben, wie sie die Tiere führen müssen, kann das Abenteuer beginnen. Jeder Mensch bekommt die Leine eines Alpakas in die Hand, und dann wandert die ganze Gruppe eineinhalb Kilometer durch das Naturschutzgebiet Altenburg, einer reizvollen Landschaft im Grabfeld, zu einer Holzhütte. Hier wartet eine Brotzeit auf die Menschen und eine Runde Gras auf die Tiere. Inzwischen hat sich die anfängliche Aufregung bei den Führenden gelegt. Sogar die Kinder haben sich von der Ruhe und Entspanntheit der Alpakas anstecken lassen. Nach der kleinen Pause geht es gemächlich und einträchtig zurück zur Koppel. Als Belohnung für das brave Mitlaufen erhalten die Alpakamädels Leckerlis in Form von Heucobs, das sind Pallets aus gepresstem Gras, und ein paar vorsichtige Streicheleinheiten. Sie haben ihre Sache gut gemacht und einigen Menschen zu zwei glücklichen Stunden verholfen, die sie sicher nicht vergessen werden.

TIPP

Es werden auch Kräuterführungen (auf Wunsch mit Alpakas) und Brennereibesichtigungen angeboten.

● Grabfeld Alpaka GbR, Michael Hippold, Grüner Hain 21, 7633 Trappstadt, Tel. (01 51) 17 20 15 90 (abends), www.grabfeld-alpaka.de

● ÖPNV: Buslinie 219, Haltestelle Trappstadt Ort oder Ruf 8009, 8169 Haltestelle Stadtmitte

Kunst gucken and more

58 Kunsthandwerkerhof in Königsberg in Bayern

Zu einer Zeit, als man sein Bier noch selbst braute, wurde an der alten Stadtmauer ein lang gezogenes Gebäude errichtet, das die Bürger zur Bierherstellung und Lagerung nutzten. Als man das Bierbrauen einstellte, drohte das Ensemble in der Braugasse zu verfallen.
1988 hatte die ansässige Bildhauerin Anne-Marie Reiser-Meyerweissflog die Idee, die kleine Straße zu einem Ort der Begegnung für kunstinteressierte Menschen zu machen. Finanzielle Unterstützung von Land und Bezirk ermöglichte die Sanierung, sodass 1997 die ersten Künstler einziehen konnten. Der „Kunsthandwerkerhof" war geboren.
Biegt man in die Braugasse ein, läuft man direkt auf ein größeres Gebäude zu. Kunsthandwerkerhof steht groß über der Tür, und auf der Fahne daneben wird man zum „Kunst gucken!" eingeladen. Im Innern des ehemaligen Sudhauses finden wechselnde Ausstellungen unterschiedlichster Künstler und Themen statt. Die meisten Menschen zieht es aber aufs Gässchen hinaus. Zum Glück ist es eine Sackgasse ohne Verkehr, denn hier sitzen die Menschen vor dem langen Fachwerkhäuschen mit den vielen Glastüren auf der Straße und genießen Kaffee und selbst gebackenen Kuchen. Natürlich sollte man sich unbedingt auch im Haus umschauen. Gleich im ersten Raum hat der Künstler Elias Wolff sein Atelier und bietet seine humorvollen Mäuseradierungen, aber auch großformatige gebatikte Landschaftsbilder zum Verkauf an. Anschließend durchwandert man Raum für Raum und findet in jedem etwas Neues. Zuerst betritt man das Café, hübsch eingerichtet und natürlich mit viel Kunst, danach wird man in jedem Zimmer von einem anderen Angebot überrascht. Schmuck, Tücher, Taschen, Vogelfutter, Gläser, Geschirr, kleine Dinge aus Filz und ganz hinten im Obergeschoss auch noch Mode und Hüte. Dazwischen immer wieder Kunst. Skulpturen von klein bis groß, Gemälde verschiedenster Art sind zu bestaunen und zu erwerben. Interessant ist die moderne Einrichtung in den alten Räumen. Ein spannender Kontrast, den man unbedingt gesehen haben muss.

TIPP

Ein Bummel durch die wunderhübsche Fachwerkstadt ist ein Muss.

- Kunsthandwerkerhof, Braugasse 4, 97486 Königsberg in Bayern, Tel. (0 95 25) 18 63
- ÖPNV: Buslinie 1152, 1182, Haltestelle Königsberg i. Bay. Post

Die Perle des Spessarts

59 Schloss Mespelbrunn in Mespelbrunn

Für Romantiker und solche, die es werden wollen, kann es in Unterfranken nur ein Ziel geben: Die Perle des Spessarts – Schloss Mespelbrunn. Ein Traum von einem Wasserschloss, das sich, damit es noch bezaubernder aussieht, im glatten Wasser des Weihers spiegelt! Die Kulisse für diese fast unwirkliche Szene bildet ein dichter Laubwald. Wie im Märchen wirkt das Renaissanceschloss mit den hohen eckigen Ziergiebeln und den dicken runden Türmen. Einen besseren Drehort für den im Jahr 1957 entstandenen Film „Das Wirtshaus im Spessart" mit Liselotte Pulver und Carlos Thompson hätte man nicht finden können. Der Film beruht auf der Rahmenerzählung zum dritten Märchenband des Romantikers Wilhelm Hauff. Viele ältere Besucher wundern sich, dass es diesen bezaubernden Ort aus dem Film wirklich gibt.

TIPP

Zum Ausruhen und Feiern lädt das Schlosshotel ein.

Ein Vorläufer des jetzigen Schlosses wurde bereits 1412 erbaut. Seine heutige Gestalt erhielt es im 16. Jahrhundert nach Entwürfen von Peter Echter von Mespelbrunn und seiner Gemahlin Gertraud von Adelsheim. Über einem Portal ist das Bekenntnis der beiden eingemeißelt: „Ehelich Lieb in Gott und stete Treu / Bringt Glück und Segen ohn alle Reu. / Mit Ernst und Fleiß haben wir Gott vertraut, / Den Unseren zu Gut dies Haus gebaut." Dieser Familie entstammen berühmte Persönlichkeiten wie Julius Echter, der das Juliusspital und die Universität in Würzburg gegründet hat. Zum Glück blieb das Schloss dank seiner versteckten Lage durch alle Kriege unversehrt und kann heute im Original besichtigt werden. Über eine Brücke gelangt man in den verträumten Innenhof und von hier aus in einige Räume des Schlosses. Ein Teil wird von den Nachkommen der Echters bewohnt.

Bei so viel Romantik ist es kein Wunder, dass hier ein Standesamt eingerichtet wurde. Ein gemütlicher Raum mit Holzdecke und Kamin bildet den perfekten Rahmen für eine traumhafte Hochzeit. Über einen kurzen Fußweg erreicht man die Schlosskapelle für die kirchliche Trauung. Schloss Mespelbrunn – ein romantischer Ort für lebenslanges Glück.

- Schloss Mespelbrunn, Schlossverwaltung, 63875 Mespelbrunn, Tel. (0 60 92) 2 69 www.schloss-mespelbrunn.de
- ÖPNV: Buslinie 40, Haltestelle Einkaufscenter Mespelbrunn

Blütenromantik & Kabarett

60

Park Schöntal in Aschaffenburg

Für eine kurze Zeit im Frühjahr ist der Park Schöntal wohl der beliebteste und beglückendste Ort in Aschaffenburg. Dann nämlich, wenn es im größten Magnolienhain Bayerns blüht. 42 Magnolienbäume, zum Teil schon über 100 Jahre alt, wetteifern mit ihrer Blütenpracht um die Gunst der Besucher. Das Zentrum des Hains bildet ein von Bänken umgebenes Rondell. Wenn man sich hier niederlässt, hat man keinen weißblauen, sondern einen rosaweißen Himmel über sich. Wenn die ersten Blüten abfallen und den Boden bedecken, dann ist es wirklich rundum zartrosa. Man fühlt sich wie in einer rosa Wolke. Dieses romantische Plätzchen ist wie gemacht für Liebesschwüre und Heiratsanträge. Aber damit sollte man sich beeilen, denn schnell ist die Blütenpracht wieder vorbei. Wer den richtigen Zeitpunkt verpasst hat, dem bietet der Park einen Glücksort fürs ganze Jahr. Man findet ihn auf der Insel des kleinen Sees, dort steht die Ruine eines Beginenklosters. Sie wurde bewusst so stehen gelassen, als um 1770 der ehemalige Tiergarten in einen Landschaftsgarten umgewandelt wurde, denn damals waren Romantik-Ruinen in Mode. Bis heute strahlt der malerische Ort, der sich mit seiner Doppelbogenbrücke im Wasser spiegelt, ein romantisches Flair aus. Ein Motiv, das jeden Fotografen begeistert. Mit etwas Glück macht ein Rad schlagender Pfau die Szenerie perfekt.

TIPP
Auf der anderen Mainseite wartet der Park Schönbusch mit seinen idyllischen Plätzen.

Wer weniger romantisch veranlagt ist, kann sich an das östliche Ende des Parks begeben. Dort befindet sich in der ehemaligen Orangerie das „Kabarett im Hofgarten". Es wurde 1998 von Urban Priol gegründet und bis 2003 geleitet. Neben anderen Kabarettisten und Musikern, tritt er auch heute noch in seiner ehemaligen Wirkungsstätte auf.

Gleich nebenan wird es so kurz vor Hessen noch mal richtig bayerisch. Ein idyllischer Biergarten, überdacht von den mächtigen Bäumen des Parks, lädt bei schönem Wetter zu einem gemütlichen Bier ein. Bei Regen begibt man sich besser in die urige Gaststube, denn auch hier ist es sehr behaglich.

- Park Schöntal, Hofgartenstraße 1A, 63739 Aschaffenburg
- ÖPNV: Bus 5, Station Hofgartenstraße

Oldies but Goldies

61 Die Prichsenstadt Classics

Am letzten Wochenende im April zieht es Menschen und Autos nach Prichsenstadt, wo ein Stück Vergangenheit hinter den altehrwürdigen Stadtmauern wieder aufleben darf.

Der Samstag beginnt mit einer geführten Ausfahrt von ca. 40 Oldies (Hier sind die Autos gemeint!). Am Nachmittag lautet das Motto „Rock meets the Classics". Man fühlt sich in der Tat wie in den 50ern. Tolle Schlitten parken am Straßenrand. Mädchen in Kleidern mit weit schwingenden Petticoats oder mit engen Bleistiftröcken flanieren durch die Luitpoldstraße. Die jungen Männer haben das Haar mit Pomade zu einem glänzenden Helm gebändigt, und ihr Blick wandert begehrlich zu den fahrenden Liebhaberstücken. Währenddessen zieht es die Mädchen zu der Band, die mit Rock und Rockabilly ganz schön einheizt und von den Ohren direkt in die Beine fährt, sodass das Kopfsteinpflaster zum Tanzparkett mutiert. Hungrig geworden, wandert man zu den Foodtrucks vor den Stadttoren, die zwar ein bisschen aus der Zeit fallen, aber inzwischen einfach zu einem Straßenfest gehören.

Am Sonntag wird es beschaulicher, „Wein, Musik und schöne Autos" ist das Motto des Tages. Den ganzen Tag stellen die stolzen Besitzer ihre motorisierten Schätze aus, und die Karawane der Besucher zieht an den Fahrzeugen vorbei. Mit glänzenden Augen denkt manch einer an die Erlebnisse und Fahrten mit diesen Modellen zurück. Die Blicke der Damen wandern hingegen zu den Marktständen, die Kleidung aus den 50ern und 60ern, Schilder oder Zeitschriften verkaufen. Die heimische Gastronomie glänzt mit einer großen Auswahl an fränkischen Spezialitäten. Vom Schäufele über die Bratwurst bis zu Spargel und Kuchen reicht das Angebot. Ein Schoppen darf natürlich nicht fehlen. Mit einem Glas in der Hand lässt sich die reizvolle Mischung dieser Veranstaltung herrlich genießen. Man muss den Prichsensteinern einfach recht geben, wenn sie behaupten: „Mir könna net blos frängisch, mir könna mehr! Wennst nu net do warst, wird's fei höchsta Zeit!"

TIPP

Die Altstadt von Prichsenstadt ist auch einen Besuch wert, wenn keine Classics stattfinden.

- Prichsenstadt Classics, Veranstalter: Stadtverwaltung Prichsenstadt, Karlsplatz 5, 97357 Prichsenstadt, (0 93 83) 97 50 18, www.prichsenstadt.de
- ÖPNV: Buslinie 8115, 8217, Haltestelle Prichsenstadt Friedhof

Faulheit macht unsterblich

62 Der Maulaffenbäck in Würzburg

Vor langer langer Zeit waren die Würzburger Bäcker meist auch Weinbauern und durften deshalb Wein in ihren Läden ausschenken. Aus diesem Grund tragen viele Weinstuben das Wort „Bäck" in ihrem Namen. Einst gab es einen Bäck, der nicht gerade der Fleißigste war. Gern stand er vor seinem Geschäft und hielt „Maulaffen feil", was heißt, dass er mit offenem Mund dem Nichtstun frönte. Das animierte die Studenten zu einem Lied, mit dem sie den Bäcker ärgern wollten: „Alle Bäcker backen, alle Bäcker backen, nur der Maulaffenbäck backt nicht." Der Bäcker war ihnen deshalb nicht böse, und bald tranken sie den Versöhnungsschoppen. Als 1907 ein neuer Wirt die Weinstube übernahm, wurde diese Episode im Namen verewigt. Das Lokal heißt bis heute „Maulaffenbäck", und der Affe ziert nicht nur das Wirtshausschild, sondern wird auch als kleine bunte Figur an jedes Weinglas gehängt.

Aber nicht nur diese Tradition wird gepflegt. Früher war es in den Weinstuben üblich, dass man seine Speisen ins Lokal mitbrachte. Zu Beginn war das auch beim Maulaffenbäck so, bis sich die Gäste die Pizzas in die Weinstube liefern ließen. Da man die Tradition aber nicht ganz aufgeben wollte, darf man jetzt zwischen 11 und 12 Uhr seine Brotzeit mitbringen, danach muss von der Speisekarte bestellt werden, was gar nicht so schlimm ist, denn die herzhafte fränkische Küche überzeugt jeden. Mit etwas Glück erwischt man einen Tag, an dem ein Wirtshausmusiker im Maulaffenbäck aufspielt. Dann werden die Liederbücher zum gemeinsamen Wirtshaussingen ausgepackt, und die alten Volkslieder und vor allem das Frankenlied schallen durch den Raum. Zu den schönen alten Sitten gehört auch die Rentnerbrotzeit. An jedem Werktag gibt es bis um 12 Uhr Weißwürste mit Brezel und Wein oder Bier zum kleinen Preis. Die Geselligkeit kommt kostenlos dazu.

„I sag's doch, es kann jeder nei! Er muss halt nur a MAULAFF sei!" – im Vertrauen: Auch Nicht-Maulaffen sind willkommen.

● Weinstube Maulaffenbäck, Maulhardgasse 9, 97070 Würzburg, Tel. (09 31) 46 77 87 00, www.maulaffenbaeck.info
● ÖPNV: Straßenbahn 3, Dom

WEINGUT BRAND
WEINSTUBE
Maulaffenbäck
Würzburger Hofbräu
Das Gute bewahrt. Seit 1643.

Schönstes Theater der Welt

63 Torturmtheater in Sommerhausen

Ein einfaches Stadttor mit hohem Giebel und zwei winzigen Fenstern. Neben der Durchfahrt am Tor angeklebt ein kleines Häuschen. Stünde über dem Torbogen nicht das Wort Torturmtheater und wären die Schaukästen an dem Häuschen nicht übervoll mit Zeitungsausschnitten, würde hier wohl niemand einen besonderen Glücksort vermuten. 1950 wurde das Theater von Luigi Malipiero gegründet, dann übernahm 1976 der große Regisseur, Schauspieler und Maler Veit Relin das Theaterchen und machte daraus eine Institution, die nach seinem Tod im Jahr 2013 von seiner Frau Angelika Relin bis heute in seinem Sinne weitergeführt wird. Es ist wohl eine der intimsten Theaterbühnen in Deutschland, die intensivste Theatererlebnisse ermöglicht. Maximal 50 Zuschauer nehmen auf Seidenkissen und einigen Stuhlreihen Platz, um hautnah zu erleben, was auf der nur 20 Quadratmeter großen Bühne unmittelbar vor ihnen passiert. „Das Theater ist ein Raum für Fantasie und ein Ort der Identifikation und der Verzauberung", sagt Angelika Relin. Die Zuschauer werden hier nicht nur unterhalten, sondern regelrecht dem Alltag entrissen. Mitgefühl, Miterleben und Auseinandersetzung sind hier möglich und erwünscht. Deshalb sucht Angelika Relin Stücke aus, die unter die Haut gehen, die über den Theaterbesuch hinaus ihre Wirkung entfalten.
Angelika Relin hält nicht nur das Erbe eines Theatermenschen lebendig, sondern auch das Andenken an den Maler Veit Relin. Das Foyer und der Aufgang ins Theater gleichen einer Galerie. Viele Porträts, aber auch Akte, Blumenbilder und Landschaften hängen hier dicht an dicht. Röthel, Tusche und Aquarell sind die vorherrschenden Techniken. Vor allem die Porträtmalerei war des Künstlers Leidenschaft. Ähnlich dem Tachismus erzeugt er die Lebendigkeit in seinen Bildern aus der kraftvollen, spontanen und dynamischen Setzung der Pinselstriche.
Das Torturmtheater ist ein Wallfahrtsort für Theaterfreunde, die das Besondere lieben, und für Liebhaber der Kunst Veit Relins.

- Torturmtheater Sommerhausen Veit Relin, Hauptstraße 1, 97286 Sommerhausen, Tel. (0 93 33) 2 68, www.torturmtheater.de
- ÖPNV: Buslinie 554, 555, Haltestelle Kirchplatz

1

Gips einmal anders

64 Knauf-Museum in Iphofen

Wer sich für die Kunst des Altertums interessiert, kann nach Ägypten, Südamerika oder nach Indien reisen. Er kann auch die Gesetzesstele des Hammurabi im Pariser Louvre aufsuchen. Im Ägyptischen Museum in Berlin wird er die Grenzstele des Sosostris III finden. Das Britische Museum in London beherbergt den Rosettastein, mit dessen Hilfe es gelang, die Hieroglyphen zu entschlüsseln. Aber es geht auch anders. All diese Schätze sind an einem einzigen Ort zu finden: im Knauf-Museum in Iphofen. Zwar handelt es sich um Repliken, die hier ausgestellt werden, aber sie sind von so hoher Qualität, dass sie von den Originalen nicht zu unterscheiden sind. Die Museumsmitarbeiter sind zudem auf der ganzen Welt unterwegs, um von Originalen, die noch an ihrem ursprünglichen Platz stehen, Abgüsse zu machen. So schmückt das Double eines keltischen Hochkreuzes aus dem Kloster Clonmacnois in Irland den Museumsgarten.

TIPP

Unbedingt gesehen haben muss man das Rödelsee Tor, ein wunderschönes Fachwerkstadttor.

Aber warum ausgerechnet Iphofen? Dazu muss man wissen, dass in Iphofen der Firmensitz der Knauf-Gips-Werke beheimatet ist. Dr. Alfons N. Knauf begeistert sich nicht nur für den Werkstoff Gips, sondern auch für Kunst. Über Jahre sammelte er gemeinsam mit seinem Bruder Karl Gipsabgüsse unterschiedlichster Kunstwerke. In den 1960er-Jahren erwarb er ein altes Barockhaus in Iphofen, um dort seine „Reliefsammlung der großen Kunstepochen“ einzurichten. Mittlerweile zählt die Sammlung über 200 Repliken, die nicht nur wissenschaftlich konzipiert ist, sondern auch ästhetisch ansprechend in den weitläufigen Räumen des barocken Gebäudes und in dessen Garten präsentiert werden.

Der an das alte Museumsgebäude anschließende modern gestaltete Anbau bildet einen reizvollen Kontrast. Hier finden regelmäßig thematische Sonderausstellungen statt, sie reichen von Reiseplakaten, über historische Musikinstrumente bis zu Schuhmoden im Wandel der Zeiten. Ein Museum also, das Freunde alter Kulturen und Fans moderner Architektur gleichermaßen fasziniert.

● Knauf-Museum Iphofen, Am Marktplatz, 97343 Iphofen, Tel. (0 93 23) 31-5 28 oder 31-0, www.knauf-museum.de
● ÖPNV: Buslinie 8107, Haltestelle Rödelseer Tor

Baden im Barock?

65 Balthasars Badewanne in Randersacker

Ohne ihn und seine Bauwerke geht in Franken gar nichts. Gemeint ist der wohl berühmteste Baumeister des deutschen Barock, Balthasar Neumann. Manchmal setzt man dem Meister auch ein Denkmal. Eines der besonderen Art steht seit 2014 in Randersacker. Ein Brunnen sollte den neu gestalteten Place de Vouvray aufwerten. Bei der Ausschreibung gewann der Würzburger Künstler und Architekt Matthias Braun zwar nur den zweiten Platz, aber sein Entwurf war es, der aus Kostengründen gebaut wurde, denn die Neugestaltung des Platzes war nicht gerade billig. Gut so, denn Braun hatte die geniale Idee dem Baumeister nichts weiter als ausgerechnet eine Badewanne zu stiften. Dabei war der Barock doch gerade die Zeit, in der man lieber puderte als badete. Die klassische gusseiserne Wanne, innen weiß, außen blattvergoldet, mit barockverschnörkelten Füßen, erhält ihr Wasser aus einem goldenen drachenähnlichen Wasserspeier, der mit langem Hals aus einem rechteckigen Muschelkalk-Quader ragt. Damit man weiß, mit wem man es zu tun hat, findet sich auf dem Stein die ebenfalls goldene Inschrift „Balthasars Badewanne“. Ein paar Bedenken hatte Braun schon, ob den Randersacker Bürgern sein Readymade gefallen würde. Zur Einweihung hörte man viele lobende Worte, aber auch kritische Stimmen wurden laut. Auf alle Fälle erhielt der außergewöhnliche Brunnen die gewünschte Aufmerksamkeit. Den einen oder anderen regt das Kunstwerk auch zu Scherzen an. So wurde einmal ein goldenes Klo neben die Wanne gestellt, ein andermal ein einladendes Schaumbad bereitet. Sollte jemanden an einem warmen Sommertag die Badelust überkommen, kann er im Wasser liegend – vom Künstler ausdrücklich erlaubt – jene Architektur entdecken, auf die die Wanne ausgerichtet ist. Es ist das kleinste erhaltene Bauwerk von Balthasar Neumann, sein Gartenpavillon. So ist die goldene Wanne ein Hingucker und Touristenmagnet in dem hübschen Weinort Randersacker und eine Hommage an den großen Meister des Barock.

TIPP

Nach diesem goldenen Hinweis sollte man sich Neumanns Garten mit dem Gartenhäuschen unbedingt ansehen.

- Goldene Badewanne, Place de Vouvray, Würzburger Straße, 97236 Randersacker
- ÖPNV: Buslinie 552, 554, 555, Haltestelle Abzw. Theilheim, Randersacker

BALTHASARS
BADEWANNE

Reise in die Vergangenheit

66 Freilandmuseum in Fladungen

Am Sonntag wird gekocht. Von 11 bis 15 Uhr werden die Naturalien aus den Museumsgärten nach historischen Rezepten verarbeitet. Die Besucher sind eingeladen, kräftig mit Hand anzulegen. Natürlich wird nach gemeinsamer Zubereitung auch gemeinsam gegessen und hinterher sollte sich niemand vor dem Abwasch drücken. Ein anschließender Verdauungsspaziergang durch das Museumsgelände tut sicher allen gut. Wenn man sich die Häuser ansieht, die hier wiederaufgebaut wurden, sich an den bunten Gärten und den bestellten Feldern erfreut und die Tiere beobachtet, die ja zu einem Freilandmuseum gehören, wird das Leben und Arbeiten in Unterfranken in den letzten Jahrhunderten wieder lebendig. Sogar die komplette Kirche aus Leutershausen wurde hierher versetzt, weil sie baufällig geworden war. Jetzt wird in ihr wieder geheiratet, und die Menschen aus Leutershausen besuchen ihre neue alte Kirche jedes Jahr.

TIPP
Eine Fahrt mit dem Rhön-Zügle gehört unbedingt zum Museumsbesuch dazu.

Aber es muss nicht beim Kochen und Spazierengehen bleiben, denn das Museum bietet Action für alle Altersklassen. Kinder können so schöne Dinge lernen wie Filzen, Seife machen und Drechseln. Für Schulklassen oder Familien, die nicht wollen, dass der Museumsbesuch die Kids langweilt, gibt es Rallye-Aufgaben, die man schon zu Hause ausdrucken kann. Die Aktionsprogramme sind für Erwachsene und Kinder gleichermaßen gedacht. Wie zu Guttenbergs Zeiten mit beweglichen Lettern eine Urkunde selbst drucken, das ist doch mal eine runde Sache. Oder durch eigenes Experimentieren zu entdecken, wie man ohne Waschmaschine hartnäckige Flecken aus der Wäsche bekommt. Das wird wohl auch die Erwachsenen zum Schwitzen bringen. Derweil dürfen die Senioren unter den Besuchern in ihren Erinnerungen schwelgen. Verschiedene Themen werden in Vorträgen und Gesprächen aufgegriffen, das Besprochene wird ausprobiert, um es danach bei Kaffee und Keksen noch in aller Ruhe auszuwerten. Ein interessantes Museum, das alle Sinne anspricht und sicher Jung und Alt begeistert.

- Fränkisches Freilandmuseum Fladungen, Bahnhofstraße 19, 97650 Fladungen, Tel. (0 97 78) 91 23-0, www.freilandmuseum-fladungen.de
- ÖPNV: Buslinie 8007, 8012, 8153, Haltestelle Rathaus, Rhönbähnle (nur zu bestimmten Zeiten)

Ein Amt zum Genießen

67 Altes Gewürzamt in Klingenberg

In der Altstadt von Klingenberg, in einem stattlichen Sandsteinhaus, befindet sich der traditionelle Gewürzladen der Manufaktur „Altes Gewürzamt". Schon im Eingang begrüßt ein berühmtes Bonmot von La Rochefoucauld den Besucher „Essen ist ein Bedürfnis, Genießen ist eine Kunst". Der Firmengründer hat es sich zum Motto erkoren. Das steigert die Erwartung. Und tatsächlich! Die nostalgisch anmutende Ausstattung des Ladens beeindruckt. Der erste Blick fällt auf eine Kommode mit unendlich vielen Schubladen, wie man sie aus alten Apotheken kennt. Was sich darin wohl verbirgt? Während die Nase von würzigen Düften umschmeichelt wird, wandern die Augen zu den Kochbüchern, die im Regal über den Schublädchen stehen. Neben Fachbüchern von Ingo Holland, dem Sternekoch und Gründer der Manufaktur, findet sich manch anregende Lektüre über Gewürze und Aromen. Dazwischen werden süße Köstlichkeiten angeboten, denen man unbedingt erliegen sollte. An schönen Accessoires vorbei, damit sind Pfannen, Pfeffermühlen und andere Hardware gemeint, steigt man über ein paar Stufen hinauf in ein wahres Zauberreich der Gewürze. In den weißen Schrankregalen kommen die für das Gewürzamt typischen grünen Dosen und Tüten besonders gut zur Geltung. Wie in einem Museum wandert man von einem Regal zum anderen und kommt aus dem Staunen nicht heraus. Man liest die Namen exotischer Gewürze wie Ajowan, Chili Bhut Jolokia, Panch Phoron, Mélange Blanc, aber auch so schlichte Begriffe wie Schwarzer Knoblauch, Bärlauch und rote Rosenblütenblätter. Und an allem darf man schnuppern. Da entführt uns die Fantasie schnell auf einen orientalischen Gewürzbasar. Das ist aber längst nicht alles! Neben den Gewürzen werden „Genussbegleiter" wie Saucen, Chutneys, Senfsorten, Essige, Fruchtaufstriche und noch vieles mehr so charmant angeboten, dass auch einige dieser Köstlichkeiten ins Körbchen wandern. Glücklich über den Einkauf und in Erwartung ungeahnter Gaumenfreuden verlässt man den Gewürzladen des Alten Gewürzamts.

TIPP

Eine Eventlocation und Kochschule des Alten Gewürzamts gibt es in der Frühlingsstraße im Haus der Manufaktur.

- Traditioneller Gewürzladen, In der Altstadt 7, 63911 Klingenberg, Tel. (0 93 72) 13 47 57, www.altesgewuerzamt.de
- ÖPNV: Buslinie 61, 67, 81, Haltestelle Marktplatz oder Festplatz

Regionale Produkte

Glückliche Frauenzimmer

68

Museum Malerwinkelhaus in Marktbreit

Dieses ungewöhnliche Museum gibt Einblick in das Leben von Frauen aus verschiedenen sozialen Schichten, die in den 50 Jahren um die vorletzte Jahrhundertwende in der Gegend von Marktbreit geboren wurden. Von der Geburt bis zum Tod werden die Stationen eines Frauenlebens exemplarisch dargestellt.

Typisches Spielzeug für Mädchen aus der damaligen Zeit, das auf ein Leben als Hausfrau und Mutter vorbereiten sollte, veranschaulicht die überkommenen Erziehungsziele. Auf einer Infotafel erfährt man, dass es Mitte des 20. Jahrhunderts in Marktbreit schon eine Kleinkinderbewahranstalt gab. Dort wurde nicht nur nach Geschlechtern getrennt, sondern auch nach sozialem Rang. In ihren Jugendjahren wurden die Mädchen gewissenhaft auf die Ehe vorbereitet. Bis dahin musste der Aussteuerschrank mit Wäsche gefüllt sein. Gestickte Spruchbänder an den Regalböden weisen darauf hin, worauf Wert gelegt wurde: „Was Mütterlein mir einst beschert, halt ich in diesem Schranke wert, soll glatt und fein geordnet sein, wie's einstens war beim Mütterlein." War die Tochter unter die Haube gebracht, hatte sie sich bescheiden dem Mann unterzuordnen, wie auf einem bestickten Tuch zu lesen ist: „Ein helles Feuer, ein freundlich' Gesicht, ein braves Männchen, mehr brauch ich nicht." Um der Frau das Gebären der erwarteten Kinder zu erleichtern, gab es einen „Gebärstuhl", dessen Sitzfläche einen Ausschnitt hatte, durch den das Kind nach unten gleiten konnte. Griffe gaben der Gebärenden Halt, wenn die Schmerzen zu heftig wurden. Sollte kein passender Ehemann zu finden gewesen sein, blieben den Frauen kaum Alternativen. Im Museum werden die wenigen aufgezeigt.

Natürlich gibt es auch Räume, die sich der Mode widmen. Von der „Brunzstehhose", wie fränkisch-derb die Unterhose mit offenem Schritt genannt wurde, bis zum glänzenden Mieder und dem entsprechenden „Drüber" reicht das Anschauungsmaterial. Ein schön gestaltetes Museum, das vor allem Frauen glücklich verlassen, weil diese Zeiten vorbei sind.

TIPP

Am Museumsgebäude entlang kommt man an den pittoresken Malerwinkel.

- Museum Malerwinkelhaus Marktbreit, Bachgasse 2, 97340 Marktbreit, Tel. (0 93 32) 59 15 96, www.malerwinkelhaus.de
- ÖPNV: Buslinie 8112, RB 58110, 58111, 58113, 58155, Haltestelle Marktbreit Bahnhof

Was Mütterlein mir einst beschee
halt ich in diesem Schranke wert
soll glatt und fein geordnet sein

Spielplatz für Ritter

69

Burg Rotenhan bei Ebern

Inmitten von Eichen und Buchen stehen fünf mächtige Sandsteinfelsen. Obschon mit Moos bewachsen, erkennt man, dass Menschen den Stein behauen haben. Treppen führen durch den Fels nach oben ins Nichts. Toröffnungen gewähren Durchblicke und eingehauene Vertiefungen weisen darauf hin, dass hier einst Balken gesteckt haben müssen. Und in der Tat. Um das Jahr 1200 erhob sich hier die Burg Rotenhan. Sie war nicht wie andere Burgen nur auf, sondern auch in den Felsen hineingebaut. So erklären sich die Türen und Treppen. Sie verbanden die Räume und Stockwerke. Der Kapellenzugang ist noch erkennbar, auch die Tankzisterne und der Torfelsen. Dass heute von den dazwischen und darüber errichteten Gebäuden nichts mehr zu sehen ist, ist der Belagerung und Zerstörung der Burg im Jahr 1323 durch den Bischof von Würzburg geschuldet. Eine Sage berichtet, dass die Burgherrin zusammen mit einem Huhn in den Keller eingesperrt wurde. Luitgard ernährte sich von den Eiern und versprach, dass die neue Familienburg nach ihrer Befreiung genau dort gebaut werden solle, wo die Henne ihr erstes Ei legen würde. Und so geschah es. Schloss Eyrichshof, der Stammsitz der Freiherrn von Rotenhan, wurde erbaut.

Inzwischen gehört die Ruine nicht nur zu den 100 schönsten Geotopen Bayerns, sondern gibt einen herrlichen Spielplatz für Jungritter und angehende Burgfräuleins ab. Es lässt sich wunderbar klettern, Versteck und eben auch Ritter spielen. In der kindlichen Fantasie nimmt die Burg wieder Gestalt an. Die Eltern sind inzwischen auf den begehbaren Felsen gestiegen und genießen die herrliche Sicht über das Braunachtal und die bewaldeten Höhenzüge ringsum. Ab und an sollten sie einen Blick auf ihre jungen Ritter werfen, denn gesichert sind die Felsen nicht. Wenn sich die Nachwuchsritter ausgetobt und die Erwachsenen genug vom Leben als tapferer Ritter oder als edle Dame geträumt haben, ist es Zeit für eine gemeinsame deftige Brotzeit in dieser romantischen Umgebung. Ein Ort für Glücksritter jeden Alters.

TIPP

Nicht versäumen, Schloss Eyrichshof anzusehen: Schlosshof 4, 96106 Ebern.

● Burgruine Rotenhan, Rotenhan, 96106 Ebern, Infos bei: Tourist-Information, Ritter-von-Schmitt-Straße 8, 96106 Ebern, Tel. (0 95 31) 6 29 14, www.ebern.de
● ÖPNV: Buslinie 956, 1155, Haltestelle Eyrichshof, Ebern

Süße Schweinereien

70 Odenwälder Marzipan in Weilbach

Schweinchen, Kleeblätter, Glückspilze und Hufeisen. Wo findet man diese Glückssymbole zuhauf? Natürlich in der Odenwälder Marzipankonditorei in Weilbach. Eine Million Glücksschweinchen werden jedes Jahr verkauft, verrät Katrin Zuber, die Juniorchefin der Konditorei. Der Begriff Konditorei wurde mit Bedacht gewählt, denn die Marzipanfigürchen werden zum großen Teil von Hand hergestellt. Besonders interessant ist deshalb auch ein Blick in die Produktion der Süßigkeit. Grundprodukt ist selbstverständlich die Mandel. Verschiedene Süßmandelsorten werden mit ein paar Bittermandeln veredelt, blanchiert, enthäutet und gereinigt. Danach werden sie mit Zucker vermischt und zerkleinert. Nach dem Abrösten und Kühlen wird die Masse mit den unterschiedlichsten Zutaten vermengt, denn es soll ja kein Einheitsgeschmack die Freude am Genuss verderben. Bis hierher erfolgt die Herstellung maschinell. Ab jetzt sind geschickte Damenhände gefragt, die aus dem Marzipan die unterschiedlichsten Figuren gestalten. Für die Schweinchen und andere Figuren wird die Masse in Formen gepresst und vorsichtig wieder herausgelöst. Die blässliche Figur wird nun mit Airbrush eingefärbt, Augen und andere kleine Verzierungen werden mit Zuckerdekor aufdressiert und diverse Accessoires geben dem kleinen Kunstwerk den letzten Schliff. Fein verpackt und beschriftet treten sie die Reise in Feinkostgeschäfte, Konditoreien und Bäckereien an, weit über die Grenzen Deutschlands hinaus.
Aber auch im Fabrikverkauf in Weilbach lassen sich die Ergebnisse bestaunen. Hier gibt es nicht nur die allbekannte Marzipankartoffel und unsere Glücksschweinchen, sondern auch die verrücktesten Kreationen wie Currywurst mit Pommes, ganze bayerische Brotzeitplatten, Rollmöpse, Erdbeertorten, Obst der verschiedensten Sorten, Garnelen und Hummer. Sogar ein abhörsicheres M-Phone und garantiert legale Joints werden angeboten. Wer jetzt nicht zugreift und zumindest ein kleines Glücksschwein mit nach Hause nimmt, hat selbst schuld.

- Odenwälder Marzipankonditorei GmbH, Reuboldstraße 8, 63937 Weilbach, Tel. (0 93 73) 2 04 90, www.odenwaelder-marzipan.de
- ÖPNV: Buslinie 92, Haltestelle Amorbach Sportplatz, Amorbach

Der heilige Berg der Franken

71 Der Kreuzberg bei Bischofsheim

„Glauben und genießen“ verspricht die Infotafel knapp unterhalb des Berggipfels. Dass beides hier möglich ist, wird jeder Besucher bestätigen, der schon einmal hier war. Aber fangen wir von vorne an.
Alles begann mit der Legende, dass der Hl. Kilian im Jahr 686 ein Kreuz anstelle einer heidnischen Kultstätte auf dem Gipfel des Asenbergs errichtet haben soll. Bald begannen die Menschen zu diesem Ort zu pilgern. Dies bewog Fürstbischof Julius Echter 1582, die Kreuzigungsgruppe aufzustellen. Damit bekam der Berg den Namen Kreuzberg. Hundert Jahre später wurden Wallfahrtskirche und Kloster gebaut. Anfang des 18. Jahrhunderts entstand der Kapellenkreuzweg als einer der ersten in Deutschland. Inzwischen „ziert“ ein 227 Meter hoher Sendemast den Gipfel. Trotzdem besteigen jedes Jahr über 600.000 Menschen den Berg. Die meisten zieht es wohl in erster Linie zu der Kreuzigungsgruppe, die man über den Kreuzweg oder auf direktem Weg über gerade mal 296 Stufen erreicht. Der Mühsal Lohn ist die atemberaubende Aussicht auf die eigenartig karge Landschaft der Rhön, das Land der offenen Fernen, wie sie auch genannt wird. Hier oben wird gewandert, oder es werden auf Mountainbikepisten rasante Abfahrten unternommen. Der Wintersport wartet mit Loipen, Abfahrtsstrecken und einer spektakulären Rodelbahn auf die Besucher. Action macht hungrig und durstig, und deshalb kehrt man gern in der Klosterschänke ein, wo deftige Brotzeiten und vor Ort gebrautes Bier angeboten werden. Der große Biergarten ist im Sommer besonders beliebt.
Jährlich finden 60 bis 80 Wallfahrten auf den Kreuzberg statt. Aber man muss sich nicht unbedingt einer Wallfahrergruppe anschließen. Im Bruder-Franz-Haus findet auch der Einzelne Ruhe und Besinnung. Eine Ausstellung über Franz von Assisi und die Geschichte der Franziskaner kann besucht werden. Im ganzen Haus spielt der „Sonnengesang“ des Heiligen eine große Rolle. Die entsprechend gestalteten Meditations- und Ruheräume können von jedermann genutzt werden. Glauben und genießen eben.

TIPP

Für den besonderen Kick sorgt der Kletter- und Erlebnispark am Neustädter Haus.

- Bruder-Franz-Haus, Kreuzberg1, 97653 Bischofsheim, Tel. (0 97 72) 93 28 53 www.bruder-franz-haus.de
- ÖPNV: Buslinie 8012, RUF 8012, RUF 8057, Haltestelle Kreuzberg Parkplatz (Frankens höchstgelegene Haltestelle)

Rosen aus Licht & Wasser

72

Multimediabrunnen in Bad Kissingen

Als Bad Kissingen um die Wende zum 20. Jahrhundert so richtig „in“ war, durften nur Kurgäste im Kurgarten flanieren und die Schönheiten genießen. Weil die Bürger darüber nicht sehr erfreut waren, legte man im Jahr 1913 für sie das sogenannte „Rosarium“ an. Dieser Rosengarten wird auch heute noch sehr gern von Bürgern und Gästen besucht. Die fast dreieckige Form des direkt an der Saale gelegenen Gartens spiegelt sich in den meist dreieckigen, nur manchmal auch viereckigen Rosenbeeten wider. 10.000 Rosenstöcke aus 150 Sorten verströmen ihren Duft und blühen nach einem ausgeklügelten Farbkonzept. Dafür erhielt Bad Kissingen zu Recht das Prädikat „Rosenstadt“. Am besten lässt sich diese Pracht bei einem Spaziergang auf der Promenade überblicken. Näher kommt man den Blumen auf den Wegen durch den Garten und bei einer Pause auf einer der Bänke unter den Rosenbogen. Absolutes Highlight des Rosariums und bisher einzigartig in Deutschland ist der Multimediabrunnen. In einem fünfeckigen Becken mit einer Grundfläche von rund 650 Quadratmetern springt eine „Palmettenfontäne“ in die Höhe. Das sieht schön aus, ist aber nichts Ungewöhnliches. Zu bestimmten Uhrzeiten allerdings löst sich der Wasserfächer auf, und die einzelnen Wasserstrahlen tanzen musikalisch untermalt ein sehenswertes Ballett. Am Abend wird es noch stimmungsvoller, dann spielen in einem „Loop“ Wasser, Licht und Musik zusammen. Der Höhepunkt ist aber die Beamershow, die vier Mal die Woche nach Einbruch der Dunkelheit die Menschen beglückt. Dazu werden die Düsen so gesteuert, dass sie eine Projektionsfläche aus feinsten Wassertröpfchen bilden. Auf dieses Watershield projizieren zwei Beamer ein 10 mal 30 Meter großes Bild. An jedem Tag wird ein anderer, extra für die Show gedrehter Film gezeigt. Am besten passt natürlich die „Rosenshow“. Mit diesem wunderbaren Brunnen hat Bad Kissingen einen beglückenden Ort im Glücksort Rosengarten geschaffen.

TIPP

Unbedingt empfehlenswert ist eine Fahrt auf der Saale mit dem Dampferle zur unteren Saline.

- Multimediabrunnen im Rosengarten, Balthasar-Neumann-Promenade, 97688 Bad Kissingen
- ÖPNV: Buslinie 4, 8, 8190, Haltestelle Theresienstraße

Die Slow Brewer am Main

73 Brauerei Faust in Miltenberg

„Das bleibt unter uns" ist das Motto der Brauerei Faust in Miltenberg. In der Hoffnung, dass das nicht so ganz bierernst gemeint ist, soll nun ausnahmsweise ein wenig über das altehrwürdige Brauhaus unters Volk gebracht werden. Seit 360 Jahren ist es „international völlig unbedeutend, national eher zweitrangig, aber regional der Hammer". Die Heimatverbundenheit ist den Brauern wichtig. Man ist und bleibt in Unterfranken in der schönen Stadt Miltenberg und kommt allein in der Region auf einen Bierausstoß von sagenhaften 60.000 Hektolitern im Jahr. Die beeindruckende Menge verteilt sich auf die verschiedensten Biersorten. Inzwischen braut man sogar das angesagte Craft Bier. Handwerklich, in kleinen Mengen, mit besten Zutaten und viel Liebe wird dieses besondere Bier hergestellt. Und weil es so besonders ist, gibt es wie beim Wein detaillierte Geschmacksbeschreibungen und die entsprechenden Genussempfehlungen. So passt die Brauerreserve zur Zigarre, ist aber auch dem Schokoladenfreund zu empfehlen.

TIPP
Besuch des ältesten Gasthauses und Hotels „Zum Riesen".

Wer sich genauer informieren will und das eine oder andere Brauerzeugnis probieren möchte, sollte sich einer der zahlreichen Brauerei-Erlebnis-Führungen anschließen. Bei Faust gibt es nicht nur eine Führung durch das Brauhaus mit einer kleinen Verkostung, nein, hier scheut man keine Mühen und kommt fast jedem Wunsch mit dem entsprechenden Event nach. So begleitet ein Bollerwagen randvoll mit Bierspezialitäten die Besucher bei ihrer Tour durch Miltenberg und sorgt für Erfrischung beim Zuhören. Besondere Leckereien werden zum jeweils passenden Bier auf dem Brauereiturm und im tiefen Keller gereicht. Und wer nicht immer nur fremdkosten will, der kann selbstverständlich auch sein eigenes Bier brauen. Einen ganzen Tag dauert es, bis der Hopfensaft fertig ist, fünf Liter darf man nach mehreren Wochen Reifezeit mit nach Hause nehmen. Weil Frauen so ein feines Gespür für Bier haben, gibt es für sie sogar eigene Braukurse. Aber das bleibt selbstverständlich unter uns!

- Brauhaus Faust KG, Hauptstraße 219, 63897 Miltenberg/Main, Tel. (0 93 71) 97 13-0, www.faust.de
- ÖPNV: Buslinie 81, 84, 86, 88, Haltestelle Schwarzviertel

JAHRGANGSBOCK
Vintage Strong
BRAUHAUS
FAUST
JAHRGANGSBOCK
2016
EISBOCK
Ultra Strong
BRAUHAUS
FAUST
EISBOCK
2016
BRAUERRESERVE
BRAUHAUS
FAUST
1237
BRAUERRESERVE
International völlig
unbedeutend.
National eher
zweitrangig.
Regional der
Hammer.
FAUST
PILS
Feinherb

Picknick mit Geschichte

74 Konstitutionssäule in Gaibach

Das winzige Dörfchen Gaibach kam dank der Grafen von Schönborn zu Ruhm und architektonischem Glanz. Inmitten des Ortes liegt, kaum zu übersehen, das Schloss der Grafen. Umgebaut zu seiner heutigen Gestalt hat es Leonhard Dientzenhofer. Da es heute ein Internat beherbergt, kann es nicht besichtigt werden. Dafür sollte man aber einen Blick in die Pfarrkirche gleich vis-à-vis werfen, denn die wurde von Balthasar Neumann erbaut. Folgt man der Straße hinauf Richtung Kolitzheim, trifft man ziemlich weit oben auf eine kreisrunde Kapelle, ein Bauwerk von Dientzenhofer. An der Kapelle lässt man sein Auto stehen, genießt erst einmal den Ausblick nach Osten auf den Steigerwald und spaziert anschließend wenige Hundert Meter in den Wald hinein. Schon bald erblickt man das imposante Ziel der Reise, eine 32 m hohe Säule, die sogenannte „Konstitutionssäule", die Graf Erwein 1821 zur Erinnerung an die Bayerische Verfassung von 1818 errichten ließ. Die Pläne für das Bauwerk stammten von Leo von Klenze, dem Hofarchitekten von König Ludwig I. Zur Einweihung 1828 reiste der bayerische Monarch höchstselbst nach Gaibach. Die Säule steht auf einem dreistufigen Podest und wird bekrönt von einem Bronzekandelaber in Form eines Feuers, der vergoldet in der Sonne glänzt. Man konnte ihn öffnen und darin ein echtes Feuer entfachen, das weithin zu sehen war. Die Säule bildete damals den Höhepunkt und Abschluss eines Barockgartens, der später zu einem englischen Landschaftspark umfunktioniert wurde. Auch davon ist nichts mehr zu sehen, denn jetzt breitet sich an Stelle des Parks ein Weinberg aus. Ein paar Obstbäume bilden einen Halbkreis um die Säule, auf der anderen Seite wird der Platz durch ein Wäldchen begrenzt. Obwohl der Park verschwunden ist, hat man von der Basis der Säule einen weiten Blick in Richtung des Schwanbergs. Ein schöner Platz für ein Picknick oder eine Wanderpause, der nicht nur eine herrliche Aussicht bietet, sondern auch Erinnerungen an die bayerische Geschichte aufleben lässt.

- Konstitutionssäule, Sonnenberg etwas abseits der Staatsstraße 2271, 97332 Volkach, Ortsteil Gaibach
- ÖPNV: Buslinie 8105, 8137, 9308, Haltestelle Gaibach Ortsmitte

MAX. IOSEPH

Kleines großes Theater

75

Das Papiertheater in Kitzingen

25 Zuschauer, in der Mehrzahl Kinder, sitzen im voll besetzten Theater und blicken gebannt auf die 40 mal 50 Zentimeter große Bühne. Dort tanzt Rumpelstilzchen ausgelassen um das Feuer und freut sich: „Ach wie gut, dass niemand weiß, dass ich Rumpelstilzchen heiß". Ungefähr handgroß und aus Papier ist der Gnom mit der wilden Frisur. Er tanzt vor einer Kulisse aus dem 19. Jahrhundert, also aus der Zeit, in der das Papiertheater entstanden ist. Damals wollte man die Welt des Theaters ins eigene Wohnzimmer holen. Nach und nach wandelte sich das Papiertheater zum Kindertheater, bis es vom Fernsehen verdrängt wurde. Aber gestorben ist es nicht. Gabriele Brunsch entdeckte in den 1990er-Jahren das Papiertheater für sich. Hier konnte die Lehrerin alle ihre Hobbys und Interessen unter einen Hut bringen. In ihrem Theater, das sie 2003 gründete und das seit 2006 in dem schönen alten Haus in Kitzingen beheimatet ist, ist sie die Frau für alles. Selbst gebaut sind die Bühne und die meisten Kulissen. Sie zeichnet die Figuren, bemalt sie mit viel Liebe und schneidet sie von Hand aus. Sie schreibt ihre Stücke selbst, wobei ihr Märchen, Sagen und historische Texte als Vorlage dienen. Aber sie erfindet auch ganz neue Geschichten, die sie dann für ihr Theater bearbeitet. Die Texte werden auf Band aufgenommen, oft auch mit verteilten Rollen gesprochen und mit Musik untermalt. Wenn ein neues Stück soweit fertig ist, wird die Allrounderin zur Soloakteurin. Sie steuert die Lichteffekte – natürlich manuell – und bewegt ihre Papierschauspieler gekonnt auf der Bühne hin und her. Dabei sind die Figurinen meist auf einer Schiene befestigt, manche müssen aber auch einzeln geführt werden. Wenn Gabriele Brunsch nach dem Stück vor den Vorhang tritt, blickt sie in strahlende Augen und begeisterte Gesichter. Ein zusätzlicher Lohn, der die Freude an der Arbeit mit dem Papiertheater krönt. Wenn die Zuschauer ihr kleines Theater verlassen, hatten sie eine glückliche Zeit.

TIPP

In der Nähe befindet sich das Konditorei-museum.

● Papiertheater Gabriele Brunsch, Grabkirchgasse 4, 97318 Kitzingen a. Main
www.papiertheater-kitzingen.de

● ÖPNV: Buslinie 8101, 8110, 8150, 8286, Haltestelle Kitzingen Rathaus

Der Garten Eden der Rhön

76 Bibelgarten in Sondheim v. d. Rhön

Durch einen schmalen Torbogen in der Natursteinmauer tritt man in eine andere Welt. Eine Welt der Farbenpracht und Lebendigkeit. Vielleicht blühen die Stauden hier besonders prächtig, weil sie in einem Bibelgarten stehen?

Im Jahr 2015 fasste die Gemeinde Sondheim den Entschluss, den alten, ungenutzten Schulgarten, der direkt unterhalb der Kirche und neben dem Gemeindehaus liegt, in einen Bibelgarten zu verwandeln: Der Garten soll zum Schauen einladen, zum Anschauen der Szenen und Pflanzen, zur Betrachtung und zur Besinnung. Er soll aber auch auf die Bibel neugierig machen und dazu anregen, Bibelstellen nachzulesen. Der Besucher findet auf Tafeln verschiedene Bibelstellen aus dem Alten und Neuen Testament. Viele helfende Hände, vor allem älterer Bürger, ließen das anspruchsvolle Projekt Wirklichkeit werden. Zum Dank durften die fleißigen Mitarbeiter ihre Profile als Schattenriss aus Holz verewigen, die zu einer Abendmahlszene zusammengestellt wurden. Eine von vielen schönen künstlerischen Ideen, wie der Berg Sinai mit den Gebotstafeln, die Golgotha-Kreuze oder das leere Grab Christi. Die Jüngsten der Gemeinde, die Kindergartenkinder, freuen sich über die Kräuterspirale, die sie selbst bepflanzen und pflegen. Kräuter waren zu biblischen Zeiten ein Zahlungsmittel, deshalb eröffnen sie ebenso wie die meisten anderen Pflanzen im Garten einen gedanklichen Bezug zur Bibel. Manche wurden allein wegen ihrer Schönheit gepflanzt, andere weil sie Schmetterlingen, Hummeln und Bienen reichlich Nahrung schenken. Das Insektenhotel am Zaun spendet Platz für die sechsbeinigen Gäste. Ein wunderbarer Garten Eden für Mensch und Tier! Beim Spaziergang durch den Garten geht einem das Herz auf, und man wird empfänglich für das Schöne und Gute. Und auf einer Gartenbank, inmitten dieser Naturschönheiten, umgeben von biblischen Worten und Szenen, beginnen die Gedanken zu wandern. Ein Ort, an dem man die Welt vergessen kann. Ein Glücksort eben!

TIPP

Aufmerksamkeit verdient auch die raue Rhönlandschaft rund um Sondheim.

- Bibelgarten, Kirchberg 8, 97647 Sondheim v. d. Rhön, Tel. (0 97 79) 63 74 (für Führungen), www.obere-rhoen-evangelisch.de
- ÖPNV: Buslinie 8012, 8181, 8183, 8153, Haltestelle Neustädter Straße

Abenteuer und Freiheit

77 Segeln beim Luftsport-Club Karlstadt

Schon immer träumte der Mensch davon, wie die Vögel durch die Lüfte zu schweben. In der griechischen Sage bauten sich Dädalus und Ikarus Flügel aus Vogelfedern und Wachs. Als Ikarus der Sonne zu nahe kam, schmolz das Wachs, und er stürzte ab.

Weniger gefährlich, aber durchaus vogelgleich durch die Luft schweben kann man beim Luftsport-Club Karlstadt. Das Fluggelände hat den hübschen Namen Saupurzel und liegt in einem Naturschutzgebiet. Entsprechend umweltbewusst ist der Rundflug mit einem Segelflieger. Jeder Segelflug beginnt mit dem Hochziehen. Eine Seilwinde kann das übernehmen, aber auch ein kleines Motorflugzeug. Das hat den Vorteil, dass man höher hinaufkommt und länger fliegen kann. In der gewünschten Höhe klinkt der Pilot das Seil aus, und von nun an bestimmt die Thermik das Fluggeschehen. Obwohl es kein Motorengeräusch gibt, ist es nicht still. Das Rauschen des Fahrtwindes ist zu hören und das Piepsen des Variometers zeigt an, ob der Segelflieger gerade steigt oder sinkt. Das muss man als Fluggast aber gar nicht wissen, sondern kann das Fluggefühl und den Blick auf die Landschaft um sich herum genießen. Darum geht es auch beim Segelfliegen, denn die Abhängigkeit von den Gegebenheiten in der Atmosphäre macht einen Zielflug sehr schwierig. Wer also unbedingt über seinen Heimatort fliegen will, sollte seinen Rundflug mit einem Motorflieger unternehmen. Auch das geht beim LSCK. Der größte Flieger kann drei Passagiere mitnehmen, man ist also nicht allein. Spannend ist auch ein Flug mit dem Motorsegler, der die Vorteile beider Flugzeugarten verbindet oder mit dem Ultraleichtflugzeug. Besonders Mutige begeben sich auf einen Segelkunstflug und vertauschen bei Rollen und Loopings Himmel und Erde.

Wer es also den Vögeln gleichtun und die Freiheit über oder knapp unter den Wolken genießen will, für den ist der Saupurzel bestimmt ein Glücksort. Und eine Anmeldung zur Ausbildung als Segelflugpilot ist vielleicht der Grundstock für ein lebenslanges Glück.

● Luftsport-Club Karlstadt e.V., Segelfluggelände Am Saupurzel, Eußenheimer Straße 62, 97753 Karlstadt, Tel. (0 93 53) 24 46, www.lsck.de

● ÖPNV: Buslinie 672, 8067, Haltestelle Tegut, Karlstadt

Viel Glück an einem Ort

78

Café und Garten Schloss Werneck

Balthasar Neumann, der größte fränkische Baumeister zumindest des Barock, ist wohl vor allem durch die Residenz in Würzburg bekannt. Eine etwas kleinere Schwester baute Neumann von 1733 bis 1745 im Auftrag des Würzburger Fürstbischofs Friedrich Karl von Schönborn. Das Schloss Werneck diente über 50 Jahre als Sommerschloss. Bereits seit 1855 wird das Schloss als Klinik für psychisch kranke Menschen genutzt und beherbergt inzwischen auch eine Orthopädische Klinik. Aber kann ein Krankenhaus ein Glücksort sein, außer für die gesund entlassenen Patienten? Im Fall Schloss Werneck ja! Das Café und Bistro Balthasar im lichtdurchfluteten Gartensaal des Schlosses ist für alle Menschen ein Gewinn. Hier finden psychisch Erkrankte eine feste Arbeitsstelle, oder sie können sich auf ihren Wiedereinstieg in ihren Beruf oder auf eine berufliche Neuorientierung vorbereiten. Ein Glücksort also für diese Menschen, die durch eine regelmäßige Aufgabe im Café wieder in einen lebenswerten Alltag zurückfinden können.

Für Gäste ist das Café ein Glücksort, nicht nur, weil es hell und hübsch eingerichtet ist, sondern weil es einen grandiosen Ausblick in den Garten und den Schlosspark gewährt. Wenn es das Wetter erlaubt, kann man wie einst der Fürstbischof auf die Veranda hinaustreten und sich dort mit Kaffee und Kuchen oder auch mit herzhaften Speisen verwöhnen lassen. Nur wenige Stufen hinunter beginnt der traumhaft gestaltete Barockgarten, der mit seinen ornamentalen Blumenbeeten drei Seiten des Schlosses umgibt. Eine weitere Treppe führt zu einem hübschen kleinen See, der 1967 von Patienten im Rahmen einer Arbeitstherapie angelegt wurde. Der dahinterliegende ehemalige barocke Fasanengarten wurde zu einem englischen Landschaftsgarten umgestaltet. Hier lustwandeln Patienten und Besucher im Schatten der Bäume und genießen die sich immer wieder eröffnenden Ausblicke auf Schloss und Garten.

TIPP

Werfen Sie mindestens einen Blick in die Schlosskirche und bewundern die Stuckarbeiten von Antonio Bossi.

● Schloss Werneck, Balthasar-Neumann-Platz 1, 97440 Werneck, Café: www.balthasar-schlosswerneck.de

● ÖPNV: Buslinie 8134, 8148, Haltestelle Werneck Rathaus

Sanft melancholisch

79 Landschaftspark Bettenburg bei Hofheim

Ein Besuch des Landschaftsparks Bettenburg ist ein Ausflug zurück in die Zeit der Romantik. Der Park gehört zur gleichnamigen Burg und wurde von Freiherrn Christian Truchseß von Wetzhausen im Jahr der französischen Revolution 1798 angelegt. Er traf sich dort mit den Mitgliedern seiner Bettenburger Tafelrunde zum Austausch im Geist der Romantik. Dem Zirkel gehörten unter anderen die Dichter Jean Paul und Friedrich Rückert an. Der Freiherr sah sich als letzter Ritter und lebte die ritterlichen Tugenden wie Fürsorge für die Untertanen und in Not geratene Menschen. Wichtig waren ihm Werte wie Familie, Freundschaft und Dichtkunst. Deshalb ließ er im Park Denkmäler errichten, die diese Werte und seine Beziehung zur deutschen Vergangenheit verdeutlichen. So gibt es ein Dichterhäuschen, in dem Rückert seine Werke geschrieben haben soll, die Säule der Geschwisterliebe, einen Minnesängerplatz, Denkmäler für Ritter, eine künstliche Ruine und die Totenkapelle. An den Wegen durch den Park waren einst auch Texttafeln aufgestellt, die zum Nachdenken anregen und den Wanderer zu einem besseren Menschen machen sollten.

Gestaltet wurde der Landschaftspark von den Gartenarchitekten Christian Cay Lorenz Hirschfeld und Daniel August Schwarzkopf. Das Gelände wurde mit Bedacht gewählt, denn „nach dem Theoretiker der Gartenkunst C.C.L. Hirschfeld sollte die Landschaft den Betrachter in eine besondere Stimmung versetzen. Für eine sanft-melancholische Stimmung war das Gelände mit dem engen dunklen Tal ideal. Aus dieser Stimmung heraus sollte der Besucher innere Kraft schöpfen" (Reinhard Schneider auf unten genannter Website). Ein Weg aus der Melancholie in die Freude, aus der Dunkelheit ins Licht. Ein schöner Gedanke!

Heute ist der Landschaftspark fast wieder zum Wald geworden, aber noch immer spürt man beim Spaziergang durch die historische Anlage die ursprüngliche Intention. Ein Stein am Parkeingang verweist auf den Einfluss der Natur: „Die gütige Natur ermüdet nie, ihre Freunde zu ergötzen".

● Landschaftspark Bettenburg, Manau 22, 97461 Hofheim in Unterfranken
www.gartenparadiese-hassberge.com
● ÖPNV: Buslinie 1186, 1199, 8169, Haltestelle Manau

Was ist das Leben ohne Wein?

80 Heckenwirtschaften in Unterfranken

Überall dort, wo in Unterfranken Wein angebaut wird, gibt es Hecken- oder Häckerwirtschaften. Und das schon seit 791, als Karl der Große die Bewirtschaftung der kaiserlichen Güter regelte. Seitdem dürfen Winzer, also Häcker, ihren selbst produzierten Wein ausschenken. Häckerwirtschaften sind immer noch besondere Glücksorte, denn hier ist es gemütlich und familiär. Der Wein schmeckt und lockert die Zunge, schnell kommt man mit dem Tischnachbarn ins Gespräch, und die Stimmung lockert sich. Eine deftige Mahlzeit mit „Grupftn" oder Bratwürsten verhindert, dass der Alkohol den Gästen zu sehr zu Kopfe steigt.

Heckenwirtschaften haben seit alters her einen großen Nachteil: Sie sind meistens geschlossen. Das liegt daran, dass die Winzer früher keine Schanklizenz hatten. Deshalb durften sie ihre Türen nur vier Monate im Jahr in zwei Zeiträumen öffnen und nicht mehr als 40 Plätze anbieten. Das Essen bestand aus einfachen Speisen. Damit das Geschäft rentabel war, wurden Scheunen, Wohnzimmer oder sogar Schlafzimmer zur Heckenstube umfunktioniert.

Inzwischen haben die meisten Winzer eine Schankerlaubnis, ihre sehr unterschiedlich eingerichteten Räumlichkeiten mit oft mehr als 40 Sitzplätzen und auch die Speisekarte ist umfangreicher geworden. Da ein Winzer aber im Weinberg und bei der Kelter immer viel zu tun hat, bevor er seinen Wein ausschenken kann, sind die Öffnungszeiten auch heute noch bei fast allen Heckenstuben beschränkt. Meist ist im Frühjahr und im Herbst Häckerwirtschaft. Im Herbst kommt vor allem der „Federweiße" auf den Tisch, also der junge noch gärende Wein, während im Frühjahr der inzwischen fertige Wein vorgestellt wird. Damit man weiß, wann welche Weinstube geöffnet hat, besorgt man sich einen Weinkalender bei der Touristinformation oder sucht sich im Internet die passende Information. Dann kann die Weinreise losgehen. Wie sie endet, liegt an jedem selbst. Ganz sicher befinden sich unterwegs Stationen mit hohem Glückspotenzial. Wohl bekomm's!

● Zum Beispiel: Heckernest, Weingut Stefan Bauer, Bühlstraße 19, 97291 Thüngersheim, Tel. (0 93 64) 13 00, www.frankenwein-bauer.de
● ÖPNV: Buslinie 610, Haltestelle Untere Hauptstraße

Mein besonderer Dank geht an meinen Lebensgefährten Dietmar Bruckner, der mir seine Zeit schenkte, um mich an fast alle Glücksorte zu begleiten. Geduldig hörte er sich meine Probleme an, und stand mir mit guten Ideen, konstruktiver Kritik und wertvollen Tipps zur Seite.

Herzlich bedanken möchte ich mich natürlich auch bei Gabriele Brunsch, Christian Fenn, Johanna Fischer, Thorsten Gernert, Franz Hümmer, Gräfin Ingelheim, Karnevalmuseum Kitzingen,Kinderdorf-Erich-Kästner, Kirchenburg Mönchsondheim, Kloster Münsterschwarzach, Knauf-Museum, Kunsthalle Schweinfurt, Ursula Maurer, Museum Malerwinkelhaus, Siegfried Müller, Sabine Pecoraro-Schneider, Angelika Relin, Stefan Rippstein, Egon Schiller, Familie Schmaußer, Reinhard Schneider, Rosemarie Schotte, Tourist-Information Schweinfurt und allen anderen, die mir mit ihren Informationen und Fotos weitergeholfen haben.

Bibliografische Informationen der Deutschen Nationalbibliothek
Die Deutsche Nationalbibliothek verzeichnet diese Publikation in der Deutschen Nationalbibliografie; detaillierte bibliografische Daten sind im Internet über http://dnb.d-nb.de abrufbar.

2. Auflage 2022
Konzeption/Satz: Droste Verlag, Düsseldorf
Einbandgestaltung und Illustrationen: Britta Rungwerth, Düsseldorf, unter Verwendung von Bildern von © Fotolia.com: jd - photodesign.de; © iStock: Plociennik Robert
Fotos: Heike Burkhard, außer:
S. 13: Christian Fenn; S. 21: Archiv Stadt Röttingen; S. 27: Carmen Stripp; S. 33: Nicole Sauer; S. 41: Oliver911 CC BY-SA4.0; S. 45: Deutsche Post/Weihnachtspostfiliale; S. 47: Jörg Braukmann CC BY-SA 4.0; S. 49: Thorsten Gernert/ Dominik Roeding; S. 59: Siegfried Müller; S. 67: Andrea Dievernich; S. 71: Touristinformation Lohr am Main; S. 77: Erich-Kästner-Kinderdorf; S. 85: Markus Püttmann; S. 95: Julia Martin/Abtei Münsterschwarzach; S. 99: Dietrich Krieger CC BY-SA 3.0; S. 107: Heiko Mönke; S. 121: Michaela Schmitt-Böhm; S. 127: maulaff CC BY-SA4; S. 129: Ines & Jürgen Strohäcker/ © Stadt Prichsenstadt; S. 139: Gerhard Nixdorf; S. 145: Tilman2007 CC BY-SA 4.0; S. 147: Odenwälder Marzipan; S. 157: Gabriele Brunsch; S. 161: LSCK; S. 163: Tilman2007 CC BY-SA 4.0; S. 165: Reinhard Schneider

FSC www.fsc.org
MIX
Papier aus verantwortungsvollen Quellen
FSC® C011279

Druck und Bindung: LUC GmbH, Greven
ISBN 978-3-7700-2245-8

www.droste-verlag.de